닭이 봉황 되다

최창조 지음

모멘토

머리말

 풍수와 관련된 공식적인 활동을 멈춘 지 대략 7년쯤 된다. 2000년 『땅의 눈물 땅의 희망』이란 책을 출판하기는 했지만 그 글을 쓴 것은 1998, 9년 경이었으니 7년쯤 되는 셈이다. 그렇게 된 이유를 한마디로 표현한다면 '게으름'이 되리라. 변명을 좀 붙이자면 내 처의 건강 악화도 있었고 아들의 군 입대도 있었지만, 무엇보다 중요한 이유는 나 자신의 지나친 음주벽(飮酒癖)이었다.
 왜 과도하게 술을 마셨나? 소심한 성격 탓이었다. 술의 힘을 빌리지 않으면 누구를 만나는 일조차 어려워했으니까. 어려운 일이 끝나면 습관적으로 술을 마시기도 했다. 의지 박약의 표본인 셈이다.
 그렇다고 지난 7년이 허송세월만은 아니었다고 믿는다. 풍수에 대해 깊이 모를 회의에 빠져 보기도 했고, 새로운 활로를 찾았다는 망상에 젖어 희망 찬 시간을 갖기도 했다.

가장 고맙게 생각하는 것은 전공을 떠났던 그 세월 동안 남독(濫讀)이라고 해야 할 정도로 책을 많이 읽었던 일이다. 분야를 가리지 않았고 동서고금을 따지지도 않았다.

그중 어떤 책들은 분명 종이 낭비에 지나지 않는 것도 있었지만, 대부분은 많은 가르침을 내려 주었다.

그러면서 풍수에 관한 안목을 넓히고 다른 풍수 연구자에 대해 아량을 갖게 된 것은, 나의 전공이 아니라 내 인생에 도움을 주었다고 생각한다. 책을 읽다가 무심결에 어떤 대목이 가슴에 와 닿으면 메모를 해 두고 그에 대한 생각을 기록에 남겼다. 처음부터 남에게 보이기 위한 작업은 아니었다. 그저 일기(日記)였을 뿐이다. 일기도 매일 쓰다 보면 똑같은 얘기의 되풀이가 되기 쉽지만 남의 좋은 말을 빌미로 삼으면 언제나 새로운 글이 될 수 있다는 것을 알게 되었다. 개중에는 이미 발표했던 것도 있고 일부는 새로 썼다.

여하튼 내용들이 횡설수설에 잡동사니인 데다가 요령부득인 것은 분명하다. 모멘토 출판사 박경애 씨의 노고가 아니었다면 이 책은 결코 세상에 나오지 못했을 것이다. 고맙다는 말로는 부족하다. 공저자(共著者)라고 해야 옳은 표현이 될 정도이다.

나는 본래가 기억력이 좋지 않고 특히 조직력이 매우 약하다. 그래서일까, 나의 학창 시절 성적은 늘 중하위권이었다. 억지로 내게 있을지도 모르는 재능이 있다고 가정하고 쥐어짜 본다면 사고에 대담함이 있고 벽을 두지 않았다는 점일 것이다. 석학의 글이니 받아들이고 무명인사의 주장이니 볼 가치도 없다는 생각은 해 본 적이 없다.

이 책에서 언급한 도서들만 소개하고 참고문헌은 싣지 않기로 했다. 모두 소개하기에는 양이 너무 많고 이 책의 형식 또한 그런 것을 필요로 하지는 않을 테니 말이다. 이 글은 감상문이다. 일기나 감상문에 각주나 참고문헌을 다는 사람은 없다. 그런 상황을 따를 뿐이다. 하지만 내게 가르침을 준 헤아리기 힘들 정도로 많은 각종 서적의 저자들에 대한 고마움이 결코 가벼워지는 것은 아니다. 오히려 두루뭉술 넘어간 내 잘못을 넓은 마음으로 헤아려 주기를 바란다.

이제 많이 읽고 정리하고 생각을 크게 가져 보겠다. 이 책이 비록 풍수서는 아니지만 그래도 이번 기회를 그 첫 시도로 받아들였으면 좋겠다.

2005년 5월 구로동 내 방에서
최 창 조

차 례

머리말 · 4

1. 글만 보고 뜻을 해석한다

인생의 끝은 무덤, 그 삶의 의미 · 16
고통을 친구 삼아 함께 가라 · 18
현상을 보는 시각은 다양하다 · 20
땅을 사랑한다는 것은 정을 주는 것 · 22
삶은 해결이 아니고 선택이다 · 23
삶은 이성만으로 해결될 수 없다 · 26
걱정이 끊일 새 없는 삶 · 27
빈곤의 평준화가 평등일 수는 없다 · 29
궁합이 필요하다면 보라 · 31
헛공부하다 · 33
동서양 효도 개념의 차이 · 34
피그말리온 효과 · 36
음식은 아무 데서나 먹어도 잠은 집에서 자라 · 37

경관은 성품을 반영한다 · 39

유전자 변형 식품이라도 배고프면 먹겠다 · 41

사람을 알아야 병을 안다 · 43

무엇이 안타까워 뒤돌아보나 · 48

공황장애, 기다림이 치료약이다 · 49

신경정신과 증세는 명백히 질병이다 · 51

인쇄된 것에 보내는 헛된 신뢰 · 53

이론에 치우쳐 현실을 보지 못한다 · 54

혀 아래 도끼 들다 · 56

말보다 중요한 깨달음 · 57

기억은 믿을 게 못 된다 · 58

남의 나라 문화를 무시하지 마라 · 60

사기를 조장하는 우물효과 · 62

인용하기 전에 읽으라 · 65

떠나지 못하면 타락한다 · 68

역사는 반복되고 자연은 변화한다 · 69
위인의 출현은 시대의 재앙이다 · 71
집단 사이의 증오, 집단 내부의 호의 · 75
지구의 자기장은 인체에 영향을 미친다 · 78
대도시, 삶의 장소인가 생존의 공간인가 · 80
도시보다 농촌이 과밀한 느낌을 준다 · 83
인간은 우주의 축소판이다 · 87
조선인은 자연과 함께한다 · 89
사람이 사람을 죽인다 · 91
지구는 슈퍼마켓이 아니다 · 94
어머니는 마냥 자애롭지 않다 · 95
생명사상은 땅과의 교감이다 · 97
위인은 당장 손해날 짓은 하지 않는다 · 100

2. 근원으로 돌아가는 일

직관은 삶을 눈부시게 한다 · 104
삶은 논리보다는 이해와 느낌으로 · 106
미신이라면서 왜 풍수에 의존하는가 · 108
자연도 사람처럼 대접하라 · 110
근원으로 돌아가는 일 · 112
천진난만한 꿈의 옹호자일지언정 · 115
풍수의 의의는 사고의 전환이다 · 117
상대방을 알아야 비평이 가능하다 · 120
산을 보면 글이 있고, 책 속에 산이 있다 · 124
산 넘고 물 건너는 수고 마다 말라 · 128
풍수는 신앙이 아니다 · 130
풍수는 천문학이 될까, 점성술이 될까 · 132
집이 사람을 공격하다 · 134
고층 아파트는 괜찮을까 · 137
좋은 땅은 도시에 · 140
'쏘〔沼〕를 팔 놈' · 143

실리콘 밸리의 풍수 열풍 · 151
닭이 봉황 되다 · 154
사는 곳이 착하면 마음도 착해진다 · 157
마음이 편해지려면 포기하라 · 159
온화한 기운이 좋은 땅을 만든다 · 161
사람이 평등하듯이 땅도 평등하다 · 164
모든 것은 보기 나름이다 · 166
평정-죽음-명당-풍수의 역설 · 168
삶에 감사하는 사람은 죽음에도 감사한다 · 170
머리로 받아들이지만 체득하기엔 어림없다 · 173
자살은 타의에 의한 경우가 훨씬 많다 · 174
'김장수 할아버지'는 살아 있다 · 176
신라 시대에도 화장을 했다 · 183
세계적 유명인들의 뒤끝 · 185
돈이 주인인 전당(錢堂) · 187

음식도 제 입맛에 맞아야 훌륭하다 · 191
지금 여기가 가장 중요하다 · 194
공간과 장소의 차이 · 197
명당은 찾을 곳이 아니라 만들어 갈 곳이다 · 200
서양인의 명당, 지령관(地靈觀) · 203
돈이 명당을 만들 수 있을까 · 208
머리는 진보에 가슴은 과거에 묻어 두자 · 211
자연을 살리되 사람은 희생되어도 좋은가 · 214
죽고 나서도 수고하는 김일성 · 217
환경오염의 심각성과 해결책이 없다는 더 큰 심각성 · 225
환경운동의 위선적 요소 · 227
환경 지상주의의 허구성 · 231

소개된 책의 목록 · 234

1
글만 보고 뜻을 해석한다

인생의 끝은 무덤, 그 삶의 의미

영광의 길은 무덤으로 이어져 있을 뿐이다.
— 토머스 그레이

훌쩍이지 말자 / 차라리 한바탕 울어 버리자 /
항상 잊지 말자, 오래 살면 살수록 /
더욱 더 빨리 죽게 된다는 것을
— 아일랜드 민요

어릴 때부터 나는 공동묘지를 즐겨 찾았다. 특히 서울 근교에 있는 망우리가 그랬다. 거기 가면 우리가 역사책에서나 보던 현대사의 거물들 무덤이 심심찮게 눈에 뜨인다. 그들은 영광의 길을 걸었던 분들이다. 애국지사도 있고 정치가도 있고 시인도 있고 의료인과 교육자도 있다. 존경받아 마땅한 분들이다. 그런가 하면 유족 이외에는 기억할 수도 없는 평범한 사람들도 많다. 심지어는 연고자가 없는 무연(無緣) 분묘(墳墓)도 있다. 모두들 몇 평 안 되는 땅을 차지하고 잔디 지붕을 하고 누워 있다. 영광도 존경도 기쁨도 고통도 없다. 만약에 평등이란 말이 정말 쓸만한 말이라면 바로 이곳에 적용될 수 있을 것이다.

 나는 이런 곳을 보면서 허무를 느끼지는 않는다. 그들의 삶은 의미 있는 것이었기 때문이다. 다만 욕망을 누를 수 있을 뿐이다. 결국 무덤으로 이어지는 길이기에 삶 속에서 최선을 다하는 일은 중요하지만 그 결과에 연연하지 않을 수 있는 지혜를 제공하기 때문이다.

고통을 친구 삼아 함께 가라

잠에서 깨었을 때 아무 고통이 없다면 죽은 줄 알라.
— 러시아 속담

인생의 어려움은 끝이 없는 것이다. 그 어려움이 거의 끝나 가고 있을 땐 세상을 떠나야 한다.
— 부뢰

삶이 고통의 연속이란 것은 어느 종교에서도 지적하고 있는 바이다. 어느 세대나 다 현재 자신들이 과거처럼 행복하지 않다고 믿는다. 과연 그럴까? 아니다. 이미 2천 5백 여년 전 부처도 인생을 고해(苦海)라고 했다. 알려지지 않아서 그렇지 원시인들도 삶의 신산스러움을 절실하게 느꼈을 것이다. 행복이란 것도 고통이 있으니 존재할 것이다. 고통 없는 행복만이 지속된다면 인생이란 또 그 얼마나 지루할 것인가.

하기야 이런 말을 지금 고통 속에 빠져 있는 사람들이 듣는다면 그 무슨 말장난이냐고 화를 낼지 모르겠다. 그러나 남이 보기에 행복해 보이는 사람들이 정말 행복할지는 누구도 모른다. 내가 알고 있는, 명예와 부를 남다르게 많이 누리고 있는 사람들에게도 고통은 있다. 특히 그들은 그런 위치 때문에 그 고통을 다른 이에게 꺼내지도 못한다. 딱한 일이지만 현실이 그렇다.

해결책은 의외로 간단하다. 가진 부와 명예를 버리면 된다. 하지만 그게 될 일이 아니란 것은 누구나 안다. 도통한 신선이나 할 수 있는 일이기 때문이다. 그러니 고통과 함께 가라. 고통을 인생의 필수 요소로 생각하고 친구 삼아 갈 수밖에 없지 않겠나.

현상을 보는 시각은 다양하다

철로가 놓여 두 번째 기차가 승객을 내려놓고 화물을 부리는 것을 보며 주민이 말한다. "발전해 가는구나." 그 후 이 도시가 지진으로 폐허가 되어 숲과 늪지가 늘어가는 것을 보며 딱따구리 한 마리가 외친다. "발전해 가는구나."
— 헤르만 헤세

인간과 딱따구리가 보는 눈은 이렇게 차이가 있다. 이 지구상에 생명의 뿌리를 내린 존재들의 시각이 차이가 난다는 것은 신기한 일이다. 모든 생명이 하나같이 지구의 건전함을 위하여 애쓸 텐데 그 시각이 이처럼 큰 차이가 난다는 것이 어찌 신기하지 않으랴. 요즘 들어 딱따구리의 눈으로 세상을 보는 사람들이 부쩍 늘고 있다. 소위 자연친화적 삶을 추구하는 사람들의 시각이 그러하다. 그런데 문제는 우리가 딱따구리처럼 살 수 없다는 것이다. 모성 회귀도 그렇고 원시 반본(原始返本, 근본으로 되돌아간다는 뜻)도 그렇다. 결국 딱따구리 식의 시각이다. 그러다 보니 자신도 문명의 혜택을 흠뻑 즐기면서 그 문명 자체에는 모멸의 눈길을 준다. 이해는 간다. 하지만 좋게 말해서 이중적 기준에 의한 판단이고 나쁘게 말하자면 몰염치한 태도이다. 절이 싫으면 중이 떠나면 된다. 한 사람의 중이 절이 나쁘다고 뜯어고치려 들면 이러지도 저러지도 못하는 수많은 중들은 그 잘난 극단의 진보적 위인 때문에 어떤 신념도 없이 고난에 휩쓸리게 된다. '위인의 출현은 시대의 재앙'이란 중국 속담은 정확한 지적이다.

땅을 사랑한다는 것은 정을 주는 것

정(情)은 우리 민족의 자랑이며 정체성의 모범이다. 그러면서도 서구적 합리주의에 부합되지 않는다고 매도당한다. 이것은 정의 본질에 의(義)가 있음을 모르는 까닭이다. 그러니까 '패거리 의식'으로 통칭되는 혈연, 지연, 학연 따위에 얽매이는 것이다. 그렇게 되면 그 패거리에서 소외된 타인들에게는 한(恨)을 심는 셈이다.
― 이진우

    정은 사랑과는 조금 다르다. 사랑이란 말에선 다분히 섹스가 떠오른다. 그러나 정에는 마음을 준다는 의미가 강하다. 땅을 사랑하라는 것은 엄밀히 말하자면 땅에 정을 주라는 뜻이다. 의로움이 내포된 정에는 상대방을 가벼이 볼 수 없는 강한 메시지가 들어 있다. 그러면 개발을 위하여 땅을 함부로 건드리거나, 남에게 해만 끼치는 호화 분묘를 쓸 수도 없게 되고, 발복(發福)의 명당을 바랄 수도 없게 된다. 그런 일들에는 의가 결여되어 있기 때문이다.

삶은 해결이 아니고 선택이다

해결책이란 없다. 선택의 문제만 남았을 뿐.
- 영화 대사

언제나, 무슨 일에나 해결책이 존재하는 것은 아니다. 분명한 해결책이 있다고 고집하는 것은 그야말로 고집불통의 교과서에나 있을 법한 일이다. 우리는 수시로 선택의 기로에 선다. 지금 여기서 어떻게 해야 할 것인가? 우리의 선택은 해결을 희망할 뿐이지 그것을 보장해 주지는 못한다. 위에 인용한 대사는 막다른 골목에 몰린 은행 갱들의 대화 내용으로 기억된다. 이런 상황에서 그들이 취할 행동은 극히 동물적일 수밖에 없다. 이 경우 물론 사람을 포함한 동물을 말한다. 본능은 선택을 요구하지만 선택한 것이 곧 해결책이라고 단언할 수 있는 사람은 아무도 없다.

나의 가장 가까운 사람이 우울증을 앓고 있다. 속수무책이다. 해결책은 없다. 불행히 선택도 막연하다. 내 가장 친했던 친구는 스스로 목숨을 끊었다. 해결책도 선택의 여지도 없다고 생각했던 모양이다. 심각한 우울증을 경험한 앤드류 솔로몬(Andrew Solomon)은 자신의 경험을 바탕으로 이런 결론을 내리고 있다.

"번개처럼 스치는 것이긴 하지만 간담이 서늘한 충동들에 젖는다. 차에 치이고 싶은 충동을 억누르느라 신호등이 녹색으로 바뀔 때까지 이를 악물고 서 있어야 하고 손목을 긋거나 입에 권총을 물거나 영원히 깨지 않는 잠에 빠져드는 상상을 한다. 난 그런 감정들이 지긋지긋하지만 그것들로 인해 삶을 더 깊숙이 들여다보게 되었고 살아야 할 이유들을 발견하고 그 이유들에 매달리게 되었음을 안다. 나는 지금까지의 내 삶을 한탄하지는 않는다. 나는 날마다 살아 있기로 선택한다. 그것이야말로 드문 기쁨이 아닐까?"

그는 매 순간을 살아 있겠다고 결심한다. 남이 듣기에는 가슴이 무너지는 소리 같지만, 어쩌란 말인가? 그 자신은 드문 기쁨이라고 하지 않는가. 결국 선택의 문제로 귀결되었지만 삶이 순간의 연속이라고 정의한다면 귀담아 들어 둘 필요는 있을 것 같다.

삶은 이성만으로 해결될 수 없다

마음은 이성(理性)이 모르는 자신만의 이유를 가지고 있다.
―파스칼

현대 학문은 인문학이나 예술 분야의 어떤 부분을 제외한다면 대체로 이성에 의지하여 논리를 전개하고 결론을 내린다. 하지만 그것만으로 해결되지 않는 부분들이 너무나 많다. 풍수에서 말하는 땅기운을 감지하는 능력(氣感)은 이성으로는 설명이 되지 않는다. 꼭 감성이라고까지 할 수는 없겠지만 인간이 지닌 이성 이외의 모든 능력이 동원된다고 보아야 한다. 직관이나 시적 이미지, 상상력 같은 것들이 그런 부류이다.

걱정이 끊일 새 없는 삶

걱정이 많으면 온 세상에 할 일이 없고 걱정이
너무 적으면 무모해지기 쉽다.
– 토머스 루이스 외

이 말은 다음과 같은 구절 뒤에 나온 것이다.

"선천적으로 모험을 싫어하는 사람들이 있다. 그들은 쓰기보다는 모으기를, 뛰어들기보다는 피하기를, 놓기보다는 잡기를 더 좋아한다. 그들은 걱정을 지향하는 사람들이다."

물론 적당한 걱정은 생존에 필수적인 요소임을 강조하고 있기는 하지만, 나는 이 대목을 보며 내 얘기가 아닌가 싶을 정도로 놀랐다. 내가 바로 그런 사람이기 때문이다. 어찌 보면 대(對)사회공포증 환자인지도 모를 정도로 나 스스로가 비사교적임을 느낀다. 잘 아는 사람을 만나는 것조차도 무척 힘들다. 그러면서도 그렇지 않은 척해야 하는 일이 더욱 나를 난처하게 만든다. 중용이 필요한데 그게 되질 않는다. 지금도 걱정이다. 이게 제대로 된 글인지. 걱정도 팔자라더니 그런 걸 어쩌란 말인가. 걱정하자. 하지 않으려 해 봤자 될 일도 아니니까.

빈곤의 평준화가 평등일 수는 없다

흙 계단을 만들고, 천자(天子)가 세탁한 옷을 입으며, 맛을 곁들이지 않고 밥을 먹고, 후비(后妃)들도 땅에 끌리지 않는 옷을 입으며, 더 나아가 윗사람과 아랫사람이 모두 가난해져야 속이 편하다는 말인가? 오늘날 역사를 이야기하면서 전통적인 입장만을 고집한다면 이것이 어떻게 현대적인 역사관이라 할 수 있는가?

—레이 황

 양귀비 때문에 당나라가 망했다는 통설에 대해서 거시사적으로 그렇지 않음을 주장한 중국 이름 황인우(黃仁宇) 교수의 말이다. 요즘 말로 하자면 빈곤의 평준화를 평등과 같은 뜻으로 이해하는 역사 인식에 일침을 가한 대목이라 할 수 있다. 도덕적으로야 만민 평등은 인류 역사상 변함없는 명제일 것이다. 그러나 현실은 어떤가? 중국인들이 흔히 쓰는 표현대로 "입에는 꿀을 바르고 뱃속에는 칼을 숨긴 것"이 사람들의 일반적인 태도인데, 어찌 현실 정치를 그런 식으로 평가해야 하는지에 대한 그의 의문이기도 하다.

"이익을 말하는 자들은 부도덕하다"고 몰아세우는 것은 현실적이지도 않고 시장경제에 부합되지도 않는다. 입으로야 온갖 좋은 소리를 낼 수 있지만 기실 자신조차도 권력과 부와 명예에서 전혀 자유롭지 못한 것이 사람이란 것을 역사는 증명하고 있다. 안타까운 현실이지만 사실인 것을 어쩌랴. 왜 노력하는가? 잘 살기 위해서라고 한다면 교과서적인 답은 될 수 없지만 부대끼며 살아가야 하는 사람들에게는 오히려 가감 없는 진실일 수 있다.

궁합이 필요하다면 보라

예로부터 궁합(宮合)이란 원치 않는 청혼을 거절하기 위한 방편으로 생겨났다.
— 박완서

　궁합이건 사주팔자건 자기합리화나 자기기만 수단으로 이용되었다. 그렇기 때문에 이런 것들이 불필요하다고 보지는 않는다. 그로 인해서 자신이 심리적 평정을 얻을 수 있다면 나름대로 의미를 갖고 있는 셈이다. 다만 여기에 사기성이 붙고 가정 경제에까지 심각한 영향을 준다면 그것은 당연히 없애야 할 미신일 뿐이고 지탄받아 마땅하다. 피치 못할 자리에서 청혼이 들어온 경우 궁합은 그를 거절하기 위한 매우 유용한 수단이 될 수 있다.

집안끼리도 잘 알고 서로의 이해관계도 심각하게 얽혀 있는 경우 청혼을 거절하기는 매우 난감한 일이다. 그런데 한쪽에서 자꾸 혼인을 원한다면 "우리도 다 좋은데 글쎄 궁합이 안 좋다니 기분이 좀 그렇네요"라고 말하면 궁색하지 않게 일을 피할 수 있다.

한데 문제는 상대방이 궁합 같은 건 미신이니 믿지 말라며 자꾸 조르면 어떻게 할까? 할 수 없이 사실대로 말해 주어야 할까? 아니다. 미신을 믿는 사람처럼 보이면 된다. 상대방의 마음을 그렇게 헤아릴 줄 모르는 사람들이라면 궁합이건 뭐건 결혼생활에 언젠가는 파탄이 온다. 그러니 미신이나 믿는 철없는 집안처럼 행동하면 해결이 가능할 것이다. 그래도 조른다면? 할 수 없다. 잘 아는 사이건 심각한 이해관계가 걸린 사이건 이런 사람과 계속 사귄다는 것은, 더구나 사돈을 맺는다는 것은 자식의 불행일 뿐 아니라 집안에도 결코 이롭지 못하다. 그래서 궁합이란 미신도 가끔은 쓸모가 있는 것이다.

헛공부하다

나무가 조용히 있고자 하나 바람이 그리 하지 못하게 하고, 자식이 부모를 잘 모시려 하나 기다려 주시지를 않네(樹欲靜而風不止 子欲養而親不待).

― 한영(韓嬰)

무슨 말을 덧붙이랴.

불효막심(不孝莫甚)한 세태에 편승해 있는 나 자신이 괴로울 뿐이로구나.

동서양 효도 개념의 차이

서구 사회는 전 세대로부터 받은 친절과 보살핌을 후대에 물려주는 것이 일반적이나 동양인들은 봉사와 헌신을 윗대에 먼저 지불한 다음 그 대가를 자식에게서 기대한다.
— 퍼시벌 로웰

이 말에 전적으로 동의하는 것은 아니지만 상당한 의미가 담겨 있다는 것을 부정하지는 못하겠다. 사람이라면 당연히 자식에게 할 수 있는 모든 일을 다 해 준다. 그것은 동서양을 불문하고 인지상정(人之常情)일 것이다. 하지만 자식에 대한 기대 의지는 우리가 훨씬 강하다는 점을 인정하지 않을 수 없다. 이런 전통이 지속되었다면 노령화에 대한 걱정은 덜하겠지만 현실이 그렇지 못하다는 것이 문제다. 자식은 부모의 친절과 보살핌을 당연한 것으로 여기고 있으면서도 그분들에 대한 봉사와 헌신에는 별로 관심이 없는 것처럼 보인다.

　여기에는 부모들의 책임이 우선한다는 점을 받아들여야 한다. 그들은 자신이 이루지 못한 꿈을 자식이 이루어내기를 바라는 마음이 강하다. 나는 그렇게 못했지만 너는 꼭 그것을 해 주어야 한다는 강박관념을 자식에게 의식적으로, 또는 무의식중에 내비치기 때문이다. 그러니 부모들은 바뀐 세태를 한탄만 할 것이 아니라 자성(自省)부터 하고 볼 일이다. 퍼시벌 로웰은 분명 과장한 혐의가 짙지만 본질은 간파하고 있는 셈이다.

피그말리온 효과

남이 나를 칭찬하고 긍정적으로 보면 그에 따라 긍정적인 방향으로 바뀌려고 노력하는 것을 심리학에서는 '피그말리온 효과'라고 한다. 반대로 남들이 무시하고 부정적인 평가를 하면 그에 따라 자신도 부정적인 행동을 하게 되는 것을 가리켜 '스티그마 효과'라고 한다.
— 알베르 자카르

이사를 하면 식구 중 누군가는 집에 대한 불평을 늘어놓는다. 그럴 때 "네가 집을 싫어하면 집도 너를 싫어한다"며 달랜다. 집이 좋고 싫고의 문제가 아니라 자신의 마음 속 어딘가에 불편한 심기를 집이나 그 터에 빗대어 드러내는 현상이다. 말하자면 집에 대한 스티그마(stigma, 오욕·불명예) 현상인 셈이다. 집에 정을 붙이면 마음도 따라서 편안해진다. 바로 피그말리온(Pygmalion, 자기가 만든 조각상에 반한 키프로스의 왕이자 조각가) 현상이다.

음식은 아무 데서나 먹어도 잠은 집에서 자라

함께 잠자는 어머니와 아기는 침대 이상의 것을 공유한다. 잠자는 동안 그들의 생체 리듬은 상호 일치와 동시성을 보이고 이것에 의해 아기의 생명이 유지된다. 특정한 수면 단계들의 시간적 진행 그리고 어머니와 아기의 각성 주기가 서로 뒤엉킨다. 밤 시간 내내 매 순간마다 그들 사이에는 많은 감각적 소통이 발생한다. 유아 돌연사율이 낮은 사회는 어머니와 아기가 함께 자는 사회라는 것은 다소 놀라운 사실이다.
— 제임스 맥케나

만약 이 연구 결과가 참이라면 풍수는 하나의 커다란 과학적 근거를 제시받는 셈이다. 어머니의 생체 리듬이 아기와 일치성을 보인다면, 지자기(地磁氣)의 파장이든 지구 자체가 지니고 있는 기운의 파장이든 그 위에 자고 있는 사람과 일치하면 좋은 것이고 맞지 않는다면 죽음에 이를 수도 있다는 얘기가 되기 때문이다. 우리가 깨어 있을 때는 의식 때문에 리듬의 교감을 감지하기 힘들다. 잠을 잘 때는 의식을 놓는다. 그러면 그 교감은 훨씬 강력할 것이다.

우리 속담에 "음식은 아무 데서나 먹어도 잠은 꼭 집에서 자라"는 게 있다. 이건 외도(外道)를 방지하기 위한 경고로 해석되어 왔지만 이젠 그게 아니라 자신의 목숨에 관련된 매우 중대한 경구로 이해되어야 할 것이다.

전형적으로 아기는 어머니의 왼쪽에서든 오른쪽에서든 밤새 어머니 쪽으로 몸을 돌린 채 잠을 자고, 그러면서 귀와 코, 때로는 눈을 통해 그의 야간 리듬을 결정하는 감각적 자극들을 흡수한다고 한다. 어미로부터 갓 떼어낸 강아지에게 똑딱거리는 시계 소리를 들려줌으로써 불안한 수면을 안정시켜 주거나, 숨 쉬는 곰 인형으로 조산아의 호흡을 안정시키는 것도 같은 원리에서이다. 이것은 우리가 잠자리를 가릴 필요를 알게 해 줄 뿐 아니라 머리 방향을 어디로 둘 것이냐는 점도 중요하다는 사실을 시사한다.

경관은 성품을 반영한다

경관은 그 경관 형성에 영향을 준 '인간의 가치관'을 반영한다.
― 필자

경관(景觀)이란 말 자체가 이미 인위적이다. 요즘은 자연 경관이란 표현을 흔히 쓰는데 자연 자체가 경관일 수는 없다. 그러니 경관에 사람들의 의식이나 가치관이 반영되는 것은 너무도 당연하다. 그 사람의 성품이 온화 소탈하면 그가 조성한 경관 또한 그러할 것이고 날카롭고 모난 성격의 사람이 만든 경관이라면 그 역시 그를 따를 수밖에 없다. 그러므로 경관 조성은 모름지기 인품이 뛰어난 사람이 맡아야 옳다. 하기야 세상살이에 인품 좋은 사람 필요 없는 일이 어디 있겠는가마는 경관은 자신 홀로 즐기자는 것이 아니기에 더욱 그 성품이 중시되어야 하는 것이다.

유전자 변형 식품이라도 배고프면 먹겠다

1세기 로마의 시인이며 철학자인 루크레티우스는 필요는 발명을 낳고, 발명품들은 전쟁에서 서로를 살육하도록 장려하는 어리석은 욕구를 낳는다고 했다.

— 대니얼 부어스틴

계속하여 부어스틴은 예시한다.

"그리스인들은 문명의 진보가 새로운 폐해를 가져온다고 보았다. 우리에게도 친숙한 프로메테우스 신화는 기술의 진보에 대한 그들의 신랄한 우화였다. 불을 훔쳐 인간이 사용할 수 있게 함으로써 신들을 노하게 한 죄로 프로메테우스는 바위에 묶여 밤마다 새로 생기는 간을 독수리에게 쪼아 먹히는 벌을 받았다. 스트라본은 교양을 갖춘 그리스인들이 때 묻지 않은 야만인들을 타락시켰다고 불평했다. 지리학자이자 역사가인 트로구스는 스키타이인들은 그리스인들이 그들의 철학자들 모두에게서 배웠던 것보다 더 많은 것들을 자연에서 배웠다고 했다."

발명은 좋은 것인가? 그렇다. 다만 거기에는 희생이 따른다는 점을 잊고 있다는 것이 큰 문제다. 자동차니, 컴퓨터니, 텔레비전이니 하는 것들은 이미 수없이 많은 논쟁이 있어 왔기에 접어두자. 핵무기가 아닌 원자력 발전소는 어떤가? 전력원의 상당 부분을 기대고 있는 우리 입장에서 다른 대안이 당장 있는가? 무엇보다 농업 기술의 발전, 특히 최근에 논란이 격화되고 있는 유전자 변형 식품은 어떤가? 당장의 배고픔을 면할 수 있다면, 평소라면 도저히 할 수 없는 짓도 할 수 있다는 것을 나는 논산훈련소에서 신병 훈련을 받으며 깨달았다. 더 심각한, 아직은 발생하지 않은 피해를 가정하여 굶주림의 고통을 이겨 나가는 것이 과연 더 인간적인 일인지 나는 답을 알 수 없다. 이 문제에 관한 한 최대한의 안전장치를 거친다는 전제 아래, 나는 그런 발명된 식품을 먹겠다.

사람을 알아야 병을 안다

 의술(醫術)은 기술이 아니라 의도(醫道)이다.
— 필자

여섯 살 때 폐결핵을 앓아 본 나는 병에 대해서 평균인 이상의 두려움을 갖고 있다. 그래서인가, 병원에 갈 일이 있을 때면 언제나 병원의 명성보다 나를 진찰할 의사에게 제일 큰 관심을 갖게 된다. 그때 의사 선생님은 내가 어린아이란 것만 염두에 두고 함부로 내 처지를 발설하는 실수를 범하고 말았다. 어머니에게 한 얘기의 골자는 "얘는 얼마 못 살 것"이란 내용이었는데 불행히도 나는 그 말을 잘 이해할 수 있었다. 나는 죽지 않았고 쉰을 넘긴 지도 여러 해

나 된다. 그러니 의사에 대해서 의술이 아니라 성품으로 판단할 수밖에 없는 충분한 이유를 얻은 셈이 아니겠는가.

　대부분이 그랬겠지만 제대할 무렵 갓 낳은 큰애를 데리고 독립할 수 있는 상황이 되지 못했다. 대위로 전역했지만 직업군인이 아니어서인지 뒷일을 대비하지 않았던 것이다. 당연하다는 듯 우리는 부모님과 형님이 계신 큰댁으로 끼어들었다. 처는 잘 적응하는 듯하였다. 특히 어느 집안에서나 가장 골머리를 싸매는 고부 갈등은 전혀 드러나지 않았다. 모두에게 고마웠다. 큰아이는 갓난아이인데도 심하게 말썽을 부리는 편이었다. 하지만 조카들은 모두 컸고 집안에 오랜만에 생긴 아기인지라 귀여움을 독차지하는 형편이었다.

　상황이 이러고 보니 내가 걱정할 일은 취직과 공부뿐이었다. 처가 어떤 심리 상태에 있는지는 조금도 알 수 없었다. 그럴 필요도 느끼지 못했다고 말하는 것이 옳을 것이다. 처 역시 자신의 속마음을 눈치 채지 못하고 있었나 보다. 불평을 털어놓는 일이 전혀 없었으니까. 물론 피곤하다는 말은 자주 했다. 그 정도는 누구에게나 있을 수 있는 일이고 게다가 말썽꾸러기 아기를 키우는 엄마로서 당연한 일이 아니겠느냐는 생각도 했다. 하지만 그게 아니었다.

어느 날 갑자기 일이 닥친 것이다. 큰댁에 들어간 지 두 달도 채 못 되어 처가 목욕탕에서 쓰러져 버린 것이다. 그 일이 일어났을 때 나는 집에 없었다. 지금은 돌아가신 아버님이 앞장을 서고 다른 가족들이 부축을 하여 옮긴 곳이 바로 '이순홍 의원'이었다. 이 병원은 내가 어릴 때부터 다니던 곳이고 우리 가족 모두가 웬만하면 여기서 치료를 끝낼 정도로 우리 집안과 나에 대해서 환하게 꿰고 있는 곳이었다.

어릴 때 폐결핵 외에도 소소한 잔병치레가 잦았던 나는 자연스럽게 이곳 출입이 잦았고 또 우리 집안 식구 모두뿐만 아니라 우리 사정에 대해서도 잘 알고 계시던 선생님은, 우리들의 주치의이자 상담자이자 요즘 말로 하자면 이상적인 가정의가 아니었나 짐작한다. 지금도 용두동 바로 그 자리에서 의업을 계속하시는 그분은 연로하시어 오전에만 진료를 담당하시고 다른 시간은 그분의 아들이 대를 이어 일을 맡아 보신다고 한다.

내가 들어가면 "너 또 왔구나" 하시며 특별한 진찰도 없이 어머니와 얘기를 나누시고 내게 몇 가지 질문을 던지고 나서 바로 처방을 해 주는 식이었기 때문에 참 편했다. 하지만 그때는 잘 몰랐다. 다른 병원을 가 본 적이 거의 없기 때문에 비교를 할 수 없었던 까닭이다.

쓰러져 업혀 간 내 처를 보고 이순홍 선생님이 하신 말씀은 그야말로 의사답지 않은 처방이었다고 한다. 밤늦게 들어와서 처로부터 들은 얘기도 그렇고 아버님의 말씀도 마찬가지였다. 당장 내일이라도 방 얻어서 분가하라는 것이었다.

의사 선생님이 간단한 찰진과 촉진을 마치고 나서 처음 보인 반응은 미소였다고 한다. 젊은 며느리가 쓰러져 놀란 마음 제대로 가누지도 못하고 달려왔는데 잠깐 살펴보고는 웃음이라니. 아버님으로서는 당황스러울 수밖에 없었을 것이다. 이내 아버님을 따로 보자고 하신 선생님은 거두절미 "빨리 막내 부부를 내보내세요"라는 처방을 내렸다고 한다. 평생을 농사일로 보내셨지만 지식이 아닌 지혜의 측면에서는 누구도 감히 따를 수 없는 천부의 자질을 지니고 계셨던 아버님이 그 말을 못 알아들을 까닭이 없었다. 일언지하 "알겠습니다" 하고 집에 데려다 눕힌 뒤 그대로 나가서 하신 일이 막내아들 내외가 살 집을 구하는 거였고 곧 적당한 집이 물색되었다.

멀지 않은 곳에 장만해 주신 집으로 이사한 것은 그런 일이 있고 나서 일주일도 지나지 않아서였다. 처는 물론 그날로 증세가 가라앉았다. 그분은 우리 집안과 우리 내외의 사정을 통찰하고 있었던 까닭에 그런 명처방이 가능했던 것이라 믿는다. 오랜 임상 경험으로 내 처가 중병이 아니란 것은 금방 알았을 것이다. 그러니 병이 없다가 아니라 새댁이 시댁에서 얻은 스트레스가 문제란 것을 직감하고 적절한 처방을 내려 준 그분의 의술은 기술이 아니라 의도(醫道)라 표현하는 것이 적절하리라. 거기에 그 뜻을 잘 이해하고 실천해 준 환자 가족의 대처도 훌륭했던 것이고. 의사와 환자와 그 가족이 서로를 아는 일로부터 병은 이미 치료된 것이나 마찬가지였다.

무엇이 안타까워 뒤돌아보나

새들은 날아가면서 / 뒤돌아보는 일이 없다 /
고개를 꺾고 뒤돌아보는 새는 / 이미 죽은 새다
— 류시화

산은 휘돌아들어야 풍수에 맞다. 하지만 그것이 과도하여 온전히 뒤를 보는 형세라면 이는 역세(逆勢)가 되니 꺼리는 바이다. 인생도 그러하여 매양 과거나 회상하며 지내는 일은 이제 생을 마칠 날이 얼마 남지 않은 사람들이나 할 일이다. 지난 일은 꿈속에서나 만날 수 있고 미래는 공상에서나 이룰 수 있는 것이니 무엇이 안타까워 돌이킬 수 없는 일에 노고를 바칠 것인가?

공황장애, 기다림이 치료약이다

인생의 고뇌 중 반은 기다림이다.
- 알렉산더 로즈

기다림은 심각한 스트레스와 신경증적 증상을 유발하고 위궤양이나 심장병과 직접적인 연관이 있다. 우리가 편해지면서 겪는 가장 심각한 기다림 현상은 도로에서의 정체일 것이다. 참을 수 없는 괴로움을 겪는 사람도 있다. 일컬어 공황장애 증상인데, 이것이라면 나 스스로 앓고 있으므로 쉽게 설명이 가능하다. 이 증상이 도로 정체일 때만 나타나는 것은 아니지만 가장 곤경에 빠질 때가 바로 그런 경우이다. 뒤에 밀려 있는 차들을 생각해서라도 차를 버리고 갈

수는 없고 그렇다고 달리 뾰족한 방법이 있는 것도 아니다. 기절해 버리면 제일 좋겠는데 숨을 쉴 수 없을 정도의 극심한 고통 속에서도 정신은 멀쩡하니 이게 더 죽을 맛이다. 나는 인생의 괴로움 중 기다림이 절반이 아니라 거의가 그렇다고 생각한다. 심지어는 기쁜 결과를 기다리는 일조차 지겹다. 아무리 내 돈이기는 하지만 그래도 은행에서 돈 찾는 일은 기뻐야 할 일인데 그 기다림 또한 만만치 않아 고통스럽다. 하지만 기다림은 바람이다. 바람이 없다면 희망도 없다. 그러니 기다려야 한다. 인생은 기다림의 연속이고 기다림에는 고뇌와 희망이 같이 있으니 기다림을 기다리지 않을 수도 없지 않은가?

신경정신과 증세는 명백히 질병이다

신경학이 공중에 성을 쌓아 정신병 환자들을 살게 하면, 정신과 의사들이 집세를 걷는다.
― 토머스 루이스 외

 우울증과 불안 신경증 게다가 대인 공포증까지 겪고 있는 내 입장에서는 참으로 마음에 와 닿는 표현이다. 요즘은 상당수의 신경정신과 전문의들이 약물 치료에 주력하고 있지만 얼마 전까지만 해도 심리 분석에 대부분을 할애한 적이 있다. 이럴 때 특히 문제가 되는 것은 그 의사가 환자에 대한 애정은 고사하고 성의조차 보이지 않는다면 환자는 더욱 절망에 빠질 수밖에 없다는 점이다. 어떨 때는 오히려 이런 신경정신 증세를 철저히 뇌라든가 호르몬 분비의 이상 같은 물질적이고 생물학적인 범주로 다루어, 다른 질병들처럼 최소한 죄책감에서 벗어나게 해 준다면 좋겠다는 생각까지 하게 만든다. 특히 우울증은 아무리 설명해 봐야 고생 덜 해서 그렇다는 핀잔만 들을 뿐이다. 내 경우는 허명(虛名)이 조금 난 편이라 대인 공포증 때문에 부득이 사람 만나기를 피하거나 꺼리면 대뜸 건방지다는 반응을 받아야 한다. 건방져서가 아니다. 사람을 만난다는 자체가 지독한 고통인데다가 그 원인이 아직은 알려지지 않은 질병 때문인 것을 어찌하란 말인가?

인쇄된 것에 보내는 헛된 신뢰

책에 쓰인 모든 것을 믿는 것은 책이 없는 것보다 더 못하다(盡信書則不如無書).
― 맹자(孟子)

사람들은 인쇄된 것에 신뢰를 보내는 경향이 있다. 누가 글에 그렇게 썼으니 옳다고 본다. 하지만 그 글을 쓴 사람의 진심이 어떤지 어찌 알 수 있으랴. 언제나 판단은 자기 몫이다. 그렇다고 남의 글을 믿지 말라는 것은 아니다. 그런 고집을 부리면 필시 독단에 빠진다. 남의 글을 보되 자신의 주관을 가지라는 것일 뿐이다.

이론에 치우쳐 현실을 보지 못한다

글만 보고 뜻을 해석한다(望文生義).
-중국 속담

이 글은 이론에 치우쳐 현실을 바로 보지 못함을 꾸짖는 말이다. 풍수에서는 "보지 않은 것은 말하지 말라"는 금언(金言)이 있다. 모든 삶의 분야가 그러하듯 "현장 없는 이론은 무의미하고 이론 없는 현장은 공허할 뿐이다." 글만 뚫어지게 들여다보고 실상을 모른다면 자기만족이거나 기만일 뿐이다. 우리가 흔히 접하는 바대로 정치학의 권위자가 정치 현실에서 아무 소용이 없거나, 경영학의 세계적 권위자가 워렌 버핏(미국의 세계적 경영자)의 발밑에도 미치지 못한다는 것을 잘 알고 있다. 그야말로 망문생의일 뿐이다.

  길을 가다 노자(路資)가 떨어져 남의 문전을 기웃거리며 밥을 구걸하는 일을 망문투식(望門投食)이라 한다. 우리는 망(望)을 희망이라 여기지만 기실 희망이란 허망의 다른 표현일 뿐이다. 문제는 현실이다. 삶은 현장에서 이루어지는 것이지 결코 글 속에 있는 것이 아니다. 풍수를 공부하다 보면 그 이론적 지식의 해박함에 혀를 내두르다가 막상 현장에서 엉뚱하게 자신이 배운 글귀에 얽매여 엉뚱한 억지를 부리는 사람들을 흔히 보게 된다. 망문생의의 전형적인 사례. 그런 사람이 대접을 받는다면 그는 망문투식이 될 뿐이다. 그저 글줄이나 외워 남의 밥을 축내는 일이란 뜻이다. 나 또한 그와 다르지 않아 그와 같은 망발(妄發)을 수없이 해 왔지만 이제 와서 후회해 본들 무슨 소용이 있겠는가. 모름지기 글을 배우는 자, 망문생의를 잊어서는 안 될 것이다.

혀 아래 도끼 들다

병은 입으로 해서 들어가고 화는 입으로부터 빠져나온다(病從口入 禍從口出).
―속담

병에 걸리는 것은 음식이나 공기와 같이 입을 통해서이고, 화를 부르는 것은 말을 함부로 해서라는 뜻이다. 요즘은 사회 지도층임을 자임한 정치인들 입에서 듣기 고약한 말들이 너무 많이 튀어나온다. 화를 자초하는 일이란 것을 모르는지, 아니면 자신의 지위가 계속 그런 말을 해도 괜찮을 정도로 유지되리라는 믿음이 있는 것인지 알 수 없지만 참으로 큰일이다.

말보다 중요한 깨달음

말 많은 것은 말을 아끼는 것만 같지 못하고, 말을 아끼는 것은 말을 하지 않는 것보다 못하다(多言不如愼言 愼言不如默言). 말 없는 말, 논리 없는 논리(無說之說 無法之法)로 풍수를 전한다.
— 육조단경(六祖壇經)

우리나라 풍수의 시조인 도선국사(道詵國師)가 풍수를 배우고 가르칠 때 썼다는 방법론이다. 자신의 깨달음에 의지하라는 게 요점이다. 말이 얼마나 오해를 일으킬 수 있는지는 우리 자신이 일상생활에서 수시로 경험하는 일이다. 그래서 "대인은 그저 주어진 삶을 살아갈 뿐이고 소인배는 그 삶을 설명하려고 말을 꾸민다(大人生而小人言)"는 얘기가 나온 것이다. 불교에서 불립문자(不立文字)라는 것도 비슷한 뜻이다.

기억은 믿을 게 못 된다

심리학자 울릭 네이서는 1986년 우주 왕복선 챌린저호가 폭발한 다음날 아침 44명의 학생을 인터뷰했다. 그는 학생들에게 맨 처음 사고 소식을 들었을 때 어디에 있었는지를 물었다. 그리고 그는 같은 질문을 2년 반 후 다시 물었다. 그러자 원래의 것과 똑같이 대답한 학생은 한 명도 없었고, 대답 가운데 정확히 3분의 1이 '매우 부정확했다.' 학생들은 기억이 위조되었다는 사실을 흔쾌히 무시했다. 다수의 학생들이 최근의 잘못된 버전들이 정말로 옳다고 주장했다. '우리가 알 수 있는 것은 기억이 그냥 사라졌다는 사실이다.'
— 토머스 루이스 외

얼마 전 유행하다시피 했던 청문회 중계를 보며 나는 질문자들의 무례함과 함께 질문 내용에 대해서도 의문을 갖지 않을 수 없었다. 몇 년 몇 월 며칠 몇 시에 어떤 발언이나 행위를 한 사실이 있느냐는 것인데, 기록도 없이 누가 그것을 기억할 수 있겠는가. 청문회에 끌려 나온(?) 사람들을 두둔해서가 아니라 기억이라는 것에 대한 질문자들의 몰이

해에 어처구니가 없어서 해 본 생각이다. 내가 만약 그런 답변자의 위치에 있다면 어땠을까? 사실 나는 조금 전에 일어났던 일도 기억에서 사라지는 경험을 자주 하는 편이다. 바라건대 제발 청문회에 서는 일만은 없기를.

남의 나라 문화를 무시하지 마라

신성한 장소(블랙힐스)의 광물 채취를 위한 파괴는 우라늄을 캐기 위해 바티칸을 굴착하는 일과 마찬가지이다.
— 베어 하트

좀 과격한 표현이기는 하지만 일리가 있다. 조선 왕조 정궁(正宮) 바로 앞에 총독부를 짓는 행위나, 왕비의 능을 옮겨 가고 그 자리에 교회를 세우는 행위는 토착민에게 참기 어려운 모욕감을 일으키는 일이다. 이슬람교도들이 바티칸 성 베드로 성당 코앞에 그들의 사원을 짓는다면, 가톨릭교도들은 자신들의 세력이 회복되었을 때 이전 상태로 복원할 것은 불을 보듯 뻔한 일이다. 우리는 일제 식민통치의 상징적 건축물인 총독부를 해체할 때 상당한 반대에 직면한 경험이 있다. 복원된 지금 그 문제를 왈가왈부하는 사람은 거의 없는 것 같다. 신성모독의 의도는 전혀 없지만 바티칸과 경복궁의 차이는 역사의 그 시점에서는 어느 쪽이 더 신성한 장소라고 말하기 힘든 형편이다.

사기를 조장하는 우물효과

'우물효과'란 어떤 말이 애매하면 할수록—즉 우물의 깊이가 깊을수록—그것을 듣는 사람은 이 말 가운데서 자기 자신의 모습을 더 많이 발견하게 되는 현상을 일컫는다. 애매하고 일반적인 말이 한 개인에게만 적용되는 말보다 더 설득력이 강하다는 사실은 여러 실험을 통해 입증된 바 있다. 이것이 바로 여러 인문과학에서 나타나는 '바넘 효과'이다.

— 조르주 샤르파크 외

조르주 샤르파크는 노벨 물리학상 수상자이다. 저자들은 신비화된 여러 술법들, 예컨대 점성술이라든가 염력, 텔레파시 등을 과학이란 잣대를 들이대며 가차없이 비판한다. 저자가 만약 동아시아인이었다면 틀림없이 풍수도 여기에 포함시켰을 것이다. 그래서 나는 이 책을 읽으며 여러 번 누가 뭐라 한 것도 아닌데 제 발이 저렸다.

지관(地官)들이 이런 우물효과를 알고 있을 것 같지는 않지만 결과적으로 그것을 이용하고 있는 것은 분명해 보이기 때문이다. 저자가 든 점성술사의 예를 보자.

"점성술사들은 사람들에게 그들의 진실 — 혹은 진실이라고 생각되는 것 — 이 아니라 그들이 진실이기를 원하는 것을 말해야 한다. 예컨대 '다음달에는 세계의 모든 사람들이 폭력으로 인하여 고통 속에서 신음할 것이다. 왜냐하면 금성과 명왕성이 운운(云云)…' 이라는 식이다. 그들은 사랑 — 돈 — 건강이라는 세 주제 주위를 지겹게 맴도는 자신들의 예언을 그럴듯하게 보이게 하기 위하여 여러 술책을 사용한다."

이런 예도 있다.

"당신은 겉으로는 어떨지 몰라도 어떤 때는 매우 강한 면모를 보인다."

어떤가? 놀랍지 않은가? 나도 간혹 풍수와 관련하여 거절할 수 없는 친지로부터 부탁을 받았을 때 이런 식으로 답변을 돌리지 않았다고 장담하기는 어렵다. 이런 답변 혹은 예측은 조금만 따져 보아도 하나 마나 한 것이란 걸 금방 알게 된다. 그런데도 사람들은 그에 매달린다. 인간의 원천적인 나약함의 발로이니 어쩔 것인가? 자신을 믿으면 해결될 일인데, 그게 해답인데, 안타까운 현실이다. 근래 우리나라에서도 유행이다시피 되어 버린 수맥(水脈) 찾기에서 그 분야의 전문가들은 추(pendule)나 점막대기(dowsing rod)를 사용한다. 저자는 강력하게 단정한다. 그것은 순전히 우연적 확률에 의거한다고.

이 문제에 관한 한 나는 동의할 수 없다. 나 자신, 지금은 이런 방법을 쓰지도 않고 수맥이 인체에 미치는 영향이 정확하게 어떤지에 대한 확신도 없어졌지만, 수맥 탐사에 대해서는 분명히 결과가 확실했던 경험을 가지고 있기 때문이다.

인용하기 전에 읽으라

어떤 과학자가 발표한 「인용하기 전에 읽으라」는 논문 내용이 흥미로웠다. 그 사람은 A라는 논문에서 인용한 논문들 중 어떤 논문의 쪽수가 잘못 기재되었다는 것을 발견하고 A논문이 인용한 논문들을 다 조사하여, 그 오류의 진원지를 조사했다. 그랬더니 그중 어떤 논문 B에서 똑같이 쪽수의 오류를 발견하고, 다시 B라는 논문에서 인용한 논문들을 역추적했다. 한편 B라는 논문에 쓰여 있는 쪽수를 보고 A논문뿐 아니라 C라는 논문에서도 그대로 베껴 써서 잘못 쓰인 쪽수는 '복제와 모방(copy-and-paste)'의 관습에 따라 계속하여 퍼진다는 것을 알게 되었다.
—강병남

미국의 경우가 그렇다는 것인데 우리라고 별반 다를 것인가? 나 자신도 그런 경험이 많다. 이것은 일종의 사기행위이다. 자신의 주장을 펴기 위하여 앞선 연구 논문들을 인용하는 것은 당연한 논리이자 선행 연구자에 대한 기본 예의이기도 하다. 반대로 내 글을 인용하면서 마치 자신의 생각인 양 인용문 자체를 숨기는 경우도 비일비재하다. 그럴 때는 화도 나고 한심하기도 하다. 요즘은 하도 그런 일을 많이 겪다 보니 아예 관심조차 가지 않을 지경이다. 그러다 보니 특별한 학자의 글을 제외한 수많은 글들이 읽으나 마나 한 시간 낭비의 것들이 될 수밖에 없다. 논문들을 읽다 보면 잡다하게 이런저런 이론들을 끌어들이며 복잡다단하게 주장을 전개해 나가지만 결론인즉 너무나 상식적이다. 자신의 생각이 아니라 남의 생각들을 꿰어 맞추다 보니 그런 일이 벌어지는 것일 터인데, 그저 자기만족용 학위 논문이라면 어느 정도 참아 줄 수 있지만 주장의 설득 대상이 일반 대중이라면 문제는 간단치 않다. 이미 다른 사람이 알아낸 것을 자기의 독창적인 것으로 발표하고 그를 통하여 명성을 얻는다면 그 명성이란 얼마나 허망한 것이랴.

이런 측면도 있다. 풍수에 여러 유파(流派)가 있다. 처음 누가 만든 것인지는 모르지만 서로 그것을 베끼고 나름대로 해석하여 자기 것으로 내놓으니, 사실 별 차이도 없으면서 크게 다른 것처럼 만들어 놓은 것이다. 게다가 시간이 지날수록 그런 엉터리 독창성의 추종자들이 생겨나와 파벌을 더욱 굳게 다지고 반목을 일삼으니 이 일을 어찌하면 좋겠는가?

"『시경(詩經)』삼백 편을 한마디로 요약하면 '생각에 사악함이 없는 것(思無邪)'(『논어』,「위정爲政」)"이라 하였는데, 풍수 역시 마찬가지다. 풍수를 한마디로 하자면 자연에 대한 공경이다. 그럼에도 불구하고 '복사해다 붙이기'의 관습 때문에 생겨난 각개 유파들이 자기만이 옳다 하며 서로 헐뜯기를 일삼으니 생각 있는 사람들이 풍수를 비난함이 당연한 일인지도 모르겠다.

떠나지 못하면 타락한다

나는 세상을 속여 명예를 훔쳤다.
—중국의 도학자(道學者)

 허명(虛名)이나마 조금 세상에 알려진 나는 항상 이런 죄책감에서 벗어날 수가 없다. 살아오면서 세상을 속인 일이 얼마나 될까? 헤아릴 수 없을 정도로 많다. 명예를 얻었다고 할 수도 없지만 간혹 항간에서 나에 대한 말을 하거나 나를 알아보는 사람을 만날 때면 느끼는 감정이 부끄러움이다. 지금까지의 배움을 버린다면 이런 상태에서 벗어날 수 있지 않을까? 심각하게 고민한다. 그러나 선뜻 버리지 못하는 것이 내 좁은 소견이니 나는 갈데없는 소인배로구나.

역사는 반복되고 자연은 변화한다

 역사는 신문과 같아서 이름과 날짜는 바뀌어도
사건은 언제나 마찬가지다.
— 신문 기사

'역사는 되풀이된다'라는 말은 격언처럼 되었다. 우리는 왜 똑같은 잘못을 반복하는 것일까? 간단하다. 인간은 멍청하고 이기적이어서 그걸 개선할 능력이 없기 때문이다. 나를 보나 지도층이란 인물들의 행태를 보나 심지어 존경받는 역사적 인물들의 행적을 보아도 결론은 마찬가지다. 전쟁이 끝나면 그 처참함에 치를 떨면서 다시는 전쟁이 나지 않을 방도를 마련한다. 하지만 그때뿐이다. 곧 전쟁은 다시 일어난다. 역사뿐일까? 개인의 경우도 마찬가지다. 실수를 한 사람은 후회하면서 다시는 같은 잘못을 저지르지 않겠다고 맹세한다. 그러나 같은 실수가 반복된다.

이런 생각을 할 때면 언제나 절망에 빠진다. 오래전 공전(空前)의 베스트셀러였던 이어령의 『흙 속에 저 바람 속에』란 산문집 제목이 생각난다. 흙과 바람 즉 풍수 속에서 해답을 찾아야 할까? 그들은 반복이 아니라 변화하고 있기에 하는 말이다. 자연은 계절에 따라 반복을 거듭하는 것 같지만 조금 열린 마음으로 관찰하면 해마다 다르다는 것을 알 수 있다. 매 순간 바뀌는 바람도 기상학적으로는 반복이라 할지 모르지만 직관이 뛰어난 사람의 느낌으로는 같은 것이 하나도 없다. 모두 다르다. 이것이 바로 반복과 변화의 차이다.

위인의 출현은 시대의 재앙이다

나는 가장 정의로운 전쟁보다, 가장 사악한 것
일지라도 평화를 좋아한다.

— 키케로

　인간에게 불을 선물한 프로메테우스는 덧붙여 직립자세
도 주었다. 그래서 다른 동물이 모두 얼굴을 밑으로 향하고
지상을 바라보는데, 인간만은 얼굴을 하늘로 향하고 별을
바라보게 되었다. 욕심은 이로부터 시작되었다. 감히 신의
경지를 넘보게 된 것이다.

　무릇 모든 전쟁은 욕심에서 비롯된다. 전쟁은 인간만이
유일하게 하는 행위이다. 침략 전쟁, 복수의 전쟁, 생존을
위한 전쟁, 방어 전쟁, 해방 전쟁, 대테러 전쟁, 이 모두가

나름의 명분을 갖추었다는 공통점이 있다. 가만 놔두면 저들이 언제 우리를 괴롭힐지 모르니 지금 눌러 놓겠다든가, 저들이 쳐들어왔으니 어쩔 수 없이 하게 되었다거나, 착취 계급을 몰아내고 모두가 평등한 사회를 이루기 위해서라거나, 무고한 양민에게 무차별 테러를 감행했으니 그 복수로 하게 되었다거나, 여하튼 명분 없는 전쟁은 없다.

전쟁은 군대가 한다. 하지만 피해는 일반인에게서 더 많이 발생한다. 어떠한 명분이건 전장에서의 참상은 명분을 정당화할 수 없음을 여실히 보여준다. 전쟁을 막을 수 있는 방법으로 질서를 꼽을 수 있다. 이것이 강자의 논리를 합리화하기 위한 질서라면 이 또한 전쟁의 도화선이 될 수 있다. 무질서의 와중에서 욕심껏 부유해지려면 한 가지 방법 밖에 없다. 강자가 약자의 것을 빼앗는 것이다. 전쟁의 다른 표현이다.

"그래서 종종 가장 강력한 권력을 가진 군대가 정부를 장악하여 자신들의 개인적인 목표를 달성하려는 것이다. 군대의 규칙은 그 속성상 부패의 궁극적인 형태를 취할 수밖에 없다. 사회를 수호해야 할 자들이 사회의 통제력을 훔치는 것이다."(레스터 서로우)

억울한 지배를 벗어나기 위하여 전쟁을 일으켰다는 얘기도 자주 듣는다. 노예를 택하느니 차라리 죽음을 바란다는 절규도 있다. 배부른 돼지보다는 굶주린 소크라테스가 되겠다는 말도 있다. 그런데 그런 것이 이루어지고 난 뒤의 현상을 보면 그 역시 배후에 욕심이 있었음을 간파할 수 있다. 수많은 민족해방전쟁의 위인들이 전후 독재자가 된 사례는 얼마든지 있다. '위인의 출현은 시대의 재앙'이란 말도 있다. 누가 위인의 출현을 원했는가? 그 스스로 명분을 만들고 그것을 해결하기 위해 위인을 자처한 경우는 또 얼마나 많은가?

 모든 전쟁은 악이다. 풍수에 삼재(三災)가 들지 않는 승지(勝地)란 개념이 있다. 세 가지 재앙 중 첫째가 전쟁이다. 전쟁이 없는 땅 이게 바로 명당이다. 희망은 있는가? 고대 신화에 의하면 그렇다고 할 수 있다.

 "제우스가 여자를 만들어서 프로메테우스와 그의 동생에게 보냈다. 그것은 두 형제에 대해서는 하늘로부터 불을 훔쳤다는 외람된 짓을 벌하기 위함이요, 인간에 대해서는 그 선물을 받았다는 죄를 벌하기 위해서였다. 그 여자는 판도라(모든 선물을 받은 여인이란 뜻)라 불렸다. 판도라와 함께

제우스는 상자 하나를 선물로 주었다. 판도라는 이 상자 속에 무엇이 들어 있는지 알고 싶었다. 어느 날 상자를 열었다. 그 속에서 인간을 괴롭히는 온갖 재액(災厄)이 튀어나왔다. 판도라는 놀라 재빨리 뚜껑을 덮으려 하였으나 이미 상자 속에 있던 것은 다 달아나고 오직 하나만이 그 밑에 남았는데, 그것이 희망이었다. 우리가 어떠한 재난에 처해서도 희망을 전적으로 잃지 않는 것은 이 때문인 것이다. 그리고 희망을 가지고 있는 한 어떠한 재난도 우리를 절망시킬 정도로 불행케 하지는 못한다는 것이다."(토머스 불핀치)

이 또한 이루어질 것 같지도 않은 희망이란 괴물을 인간이 만들어낸 것이겠지만 이것마저 거부한다면 기댈 언덕이 어디 있겠는가. 그래서 나 같은 멍청이는 오늘도 전쟁이 없는 승지를 찾아 헤매고 있는지도 모를 일이다.

집단 사이의 증오, 집단 내부의 호의

현대의 가장 큰 윤리적 문제는 "집단 간의 증오를 부추기는 집단 내의 호의(好意)"이다.
— 리처드 알렉산더

 지금은 바야흐로 증오의 시대이다. 계층 간, 세대 간, 남녀 간 할 것 없이 절제되지 않은 언사로 상대방에게 직설적인 증오를 표현하고 있다. 무섭다. 걱정도 된다. 인터넷이라는 익명의 공간에서 온갖 욕설을 섞어 상대방을 매도한다. 품격이 없어진 것이다. 예전에도 상대를 비방하는 일이 없지 않았으나 절제와 품격은 있었다.

 성종 16년(1485) 병조참지 최호원이 황해도의 악병(惡病)을 산천의 독기(毒氣) 때문이라 하며 그를 비보(裨補)

해야 한다는 상소를 올린다(성종실록 16년). 그는 대구부사를 지낸 정3품 당상관이기 때문에 문제가 커질 수밖에 없었다. 사헌부에서는 곤장 100대를 때리고 직첩(職牒)을 모두 뺏은 후 유배 3천 리에 처할 것을 아뢴다. 이에 대한 조정 대신들의 관용은 오늘에도 되새겨 볼 만하다. 몇몇 예만 살펴보자.

한명회와 이극배는 이렇게 말했다. "국가에서 제학(諸學)의 잡술을 제거할 수는 없습니다. 그러나 최호원은 요망한 말을 믿고 현혹되어 거듭 밝히기를 계청하였으니 죄를 주지 않을 수 없으나 다만 율(律)에 비추어 보아 과중합니다."

노사신은 이런 정도로 관용을 드러낸다. "최호원은 단지 도선의 비보설을 거듭 밝히려고 하였을 뿐이고 현재 전하여 쓰이지 않아 한 사람도 그에 현혹된 일이 없으니 죄에 대한 율이 합당하지 못한 듯합니다."

조정 중신 대부분이 최호원을 좋지 않게 생각했으나 또한 대부분의 중신들은 대체로 위와 같은 관용을 베풀 것을 주청한다. 물론 "최호원은 술사로 자처하니 그의 말을 깊이 책할 것은 없습니다. 그러나 허탄하고 망령된 말을 가지고 위로 성총을 번거롭게 하였으므로 죄를 용서할 수 없습니다. 사헌부에서 아뢴 대로 하소서"라는 박승질의 탄원도 있었으나 매우 절제된 표현을 쓰고 있음을 알 수 있다.

지구의 자기장은 인체에 영향을 미친다

비정상적인 자기장(磁氣場)이 인간과 동물에게 비정상적인 현상들을 유발한다. 지구 자기장의 열 배 또는 스무 배 되는 장에 노출되었을 때, 인간은 반응 시간이 느려졌고 토끼는 스트레스 반응을 보인다. 지구 전자기장(電磁氣場)은 본질적으로 인체 내부에 용해되어 있는 철, 니켈 핵에서 발생하는 자기장과 전리층(電離層)의 이온화된 가스 사이의 상호작용의 결과이다.
— 로버트 베커

요즘 자석을 이용한 건강 제품이 많이 나오고 있다. 지구 자기장이 인체에 영향을 미칠 것이라는 가정 아래 나온 상품이다. 철근 콘크리트 구조물의 존재가 자기장의 세기를 약화시키는 것은 분명하다.

그러나 그것이 인체에 어떤 영향을 미치는지에 대해서는 설득력이 별로 없었다. 위의 연구는 과학적 근거를 제시해 준 셈이다. 정말 그럴듯하다. 문제는 현실에서 인공적으로 자력을 강화시켜도 효과가 거의 없다는 점이다. 심리적인 것 말고 계량화시킬 수 있는 단위로 건강 증진이 이루어졌다는 연구 결과는 없으니 이것이 '우물효과'(애매하면 할수록 사람들은 더 믿게 된다는 것) 같은 것이라면 더욱 문제다.

대도시, 삶의 장소인가 생존의 공간인가

"서울에서 제일 외로운 공원으로 서울에서 제일 외로운 사나이가 왔다. 외롭다는 게 뭐 나쁠 것도 없다고 되뇌이면서."

— 천상병

시 「삼청공원에서」의 첫 부분이다. 많은 대도시 사람들이 이런 마음으로 살아가고 있을 것이다. 외롭다는 것은 비인간적인 인간관계의 다른 표현이다. 이런 현상의 지리적 원인은 무엇일까?

전통사회에서 사람들의 일상은 대략 이렇다. 산자락 아래 이리저리 얽힌 골목길을 따라 집들이 들어앉은 마을이 있다. 일어나 사립문을 열고 구불거리는 마을길을 지나 텃밭을 둘러보고 논밭으로 나가 일을 한다. 그 아래로는 개울이

흐른다. 일어나서 일터로 나오기까지 환경의 급격한 변이는 아무 데도 없다. 공간 심리적 충격을 받을 장치가 없다는 말이다.

오늘날은 어떤가? 일터와 삶터, 즉 직장과 주택, 식자들의 용어로 하자면 직주공간(職住空間)의 이분화 현상이 심화된 상태에서 살고 있는 것이 현대인들이라 진단할 수 있다. 집을 나서면 갑작스런 소음과 복잡함으로 차 있는 골목길을 만나게 되고 여기서 시장을 지나 술집, 다방, 여관 같은 것들이 진을 치고 있는 유흥가를 거쳐 큰길의 빌딩 숲을 만난다. 지옥으로 표현되는 출퇴근의 교통난을 겪으며 직장에 들어서면 바로 엘리베이터. 거기서 내리면 다닥다닥 붙은 책상들이 가득한 황량한 자기 자리로 간다. 환경의 변화는 매 순간마다 충격적이다. 신경이 피로하지 않을 까닭이 없다. 이러한 격렬한 환경 충격 속에서 정상적인 정신 상태를 유지할 수 있다면 그것이 오히려 비정상일 것이다.

대도시는 현대인들에게 공동체적 삶터가 아니라 생존을 위한 무차별적인 공간에 지나지 않는다. 대도시에 익숙한 사람들에게 있어서조차 그 사실은 설득력을 갖는다. 이것이 현실이다. 우리가 혼잡하다고 생각하는 대도시의 골목길에서 자신이 생각하는 적절한 의미를 부여함으로써 그에 다가설 수 있다.

대도시에서의 삶은 그 자체가 진부한 생존의 장에 지나지 않는다. 공허하기 그지없는 빈 터란 말이다. 우리는 거기에 우리만의 의미를 부여하여 삶터에 대한 사랑을 가꿀 수 있게 된다. 퇴근길 시장 골목 순댓집에 앉아 술 한 잔 비울 때 느끼던 그 장소에서의 애정, 구부러진 허리를 펴지도 못한 채 헌 신문지를 조그만 수레에 싣고 다니는 할머니를 만났던 곳에서 느꼈던 삶에 대한 측은지심, 첫눈을 만났던 지하철역 입구의 붕어빵 리어카가 서 있는 곳, 이런 의미 부여가 도시에 살면서도 풍수적 안정감을 가질 수 있는 비결이다. 어머니를 느낄 수 있는 땅으로 승화된다는 뜻이다.

천상병의 시는 이렇게 마지막 구절을 맺는다.

"저 벚꽃잎 속에는 십여 년 전 작고하신 아버지가 생전의 가장 인자했던 모습을 하고 포즈를 취하고 있고, 여섯에 요절한 조카가, 갓 핀 어린 꽃잎 가에서 파릇파릇 웃고 있는 것이다. 어머니, 어머니는 어디 계세요...."

도시보다 농촌이 과밀한 느낌을 준다

과밀(過密)함은 자신이 관찰받고 있음을 깨닫는 것이다. 작은 마을에서 사람들은 서로를 감시한다. 이것은 이웃을 염려한다는 바람직한 감정과 악의적 호기심이라는 바람직하지 못한 감정을 동시에 갖는다.
- 이-푸 투안

대부분의 사람들은 농촌이나 작은 마을에서의 삶이 쾌적할 것이라는 오해를 하고 있다. 현실은 반드시 그렇지는 않다는 것을 잘 보여준다. 영화로도 제작된 「페이튼 플레이스」에서 주인공은 자신이 살고 있는 작은 도시에서 절망과 불안을 동시에 느낀다. 매일 만나는 사람들은 같고 그들은 자신에 대해서 모르는 것이 없다. 물론 이 도시는 소위 객관적이고 과학적인 인구 밀도로 따지자면 상대적으로 희박한 곳이다. 과밀하다고는 도저히 말할 수 없는 곳이다. 그런데 한 인간의 주관은 그곳에서 주체할 수 없는 과밀의 답답함을 느낀다.

마찬가지로 이제는 추억 어린 용어가 되어 버린 이촌향도(離村向都) 현상을 설명할 때 학자들은 그것이 산업화 과정의 당연한 귀결인 것으로만 해석해 왔다. 과연 그것만이 이유일까? 농촌 젊은이들이 대도시로 떠난 것은 물론 일자리와 미래에 대한 희망을 바라서이다. 하지만 그들의 고향 마을이 심리 공간 속에서 과밀하다고 느꼈기 때문은 아닐까? 도시는 젊은이들이 스스로 진보할 수 있고 보다 나아질 수 있다고 보는 곳이다. 역설적으로 기회가 줄어들고 있는 시골에 비해 도시는 덜 혼잡하고 덜 막힌 곳으로 인식된다.

투안이 인용한 특이한 예를 살펴보자. 1973년 7월 약 60만 명의 젊은이들이 뉴욕 왓킨스 글렌에서 열린 야외 록 페스티벌에 참석했다. 열아홉 살의 한 소녀가 불과 수백 야드 떨어진 간이화장실에 다녀오는 데 3시간이 걸렸다고 한다. 타는 듯한 태양, 인파, 열악한 화장실 시설, 맥주와 포도주의 다량 섭취를 고려할 때 이것은 심각한 정신적 스트레스, 억압된 욕구 불만, 노여움의 폭발, 주먹싸움이 일어날 수밖에 없는 상황이다. 객관적으로 판단할 때. 그러나 실제로

군중은 침착했으며 질서 정연하게 행동했다고 한다. 분명 음악이 페스티벌의 유일한 유인 요소인 것은 아니었다. 군중 그 자체가 큰 즐거움이었던 것이다.

월드컵 당시 수많은 사람들이 광장에 모여 열광적으로 우리 팀을 응원했다. 이것을 꼭 애국심 때문이라고 해석해야 옳을까? 모르는 사람들로 가득 찬 익명의 공간에서 평안함과 해방감을 느꼈기 때문은 아니었을까?

내가 전주 살 때의 일이다. 한여름 텔레비전 뉴스에서는 연일 해운대 해수욕장에 백만 명이 모였다는 사실과 혼잡한 목욕탕 같은 현장을 보여주고 있었다. 가까이 부안에 살던 가족이 해운대로 간다며 같이 갈 것을 권유하기에 나는 순간적으로 그 뉴스를 떠올리며 바로 가까이 변산 해수욕장도 있고 위도도 있고 한데 무엇 하러 그 복잡한 곳으로 가려는 것이냐고 반문했다. 대답은 미국인과 마찬가지였다. 바로 그 혼잡함이 구경이고 지옥 같은 교통 체증이 바캉스의 재미 아니겠느냐는 것이다. 아, 사람들의 공간 인식이란 이렇게도 다른 것이로구나.

막힌 도로에서는 누구나 짜증을 낸다. 경기장은 도로에 비해서 인구 밀도가 비교도 안 되게 높다. 차의 면적과 차

사이의 거리 등을 따져 보면 물론 옳은 얘기다. 하지만 우리가 공간적 압박에서 오는 불쾌감을 느끼는 곳은 바로 도로이다.

공간과 장소에 대한 느낌은 비합리적이고 주관적인 것이 분명하다. 풍수는 그런 주관적 공간 개념을 용납한다. 풍수의 입장에서 무조건 시골이라든가 전원풍의 주거환경을 찬양하고 개발을 죄악시하지 못하는 이유의 상당 부분이 그런 데에 있다. 개발 현장에서 역동성을 감지하고 전율을 느낀다는 사람들을 흔히 만난다. 시골은 답답하다고 말하는 사람들도 의외로 많다.

해변에서 그물을 끌어올리고 있는 두 어부는 자연스러워 보인다. "같은 해변에 나란히 서서 생각에 잠겨 있는 두 시인은 아무리 생각해도 부자연스럽다. 그들을 사색케 할 고독이 방해받을 것이므로."(메리 매카시)

역시 어려운 문제이다.

인간은 우주의 축소판이다

인간은 지구 그리고 우주와 어떻게 관련되어 있는가? 거기에는 세계 곳곳에 퍼져 있는 두 가지 도식이 있다. 하나는 인간 신체의 해부 모형과 지구 형상의 유사성에 관한 인식이다. 다른 하나는 세계의 중심에 인간을 둔다는 것이다.
— 이-푸 투안

이 주장을 한마디로 요약하면 "우리는 본질적으로 인간의 신체가 우주의 한 부분이라는 것을 알고 있다"는 것이다. 그런 예를 몇 가지만 보자. 서부 아프리카 도곤 족은 바위를 뼈로, 흙을 위(胃)의 내부로, 붉은 점토를 피로, 강가의 흰 자갈을 발가락으로 본다. 북아메리카의 원주민은 지구를 뼈, 살, 머리카락으로 만들어진 감각적인 존재로 간주한다. 중국인은 이 세상을 우주적 존재로 본다. 산은 그 몸뚱이요, 바위는 그 뼈요, 물은 혈관을 통해 흐르는 피요, 나무와 풀은 머리카락이요, 구름과 안개는 숨을 쉴 때 내는 김이다. 이때 김이란 생명의 정수인 우주의 숨결 또는 구름의 숨결이 가시적으로 나타나는 것이다. 중세 유럽에서도 비슷한 사례가 발견된다. 투안의 책에는 이런 사례가 풍부히 제시되어 있다. "지구는 거대하게 인간의 신체를 베낀 것이다." 이런 게 바로 풍수적 사고방식이다.

조선인은 자연과 함께한다

조선인들도 여럿이 들놀이를 나가는데 그 이유는 자연을 즐기기 위해서이다. 겉으로는 친구들과 함께 있는 것 같지만 그들의 영혼은 결국 자연과 함께하는 것이다.

— 퍼시벌 로웰

1883년 민영익을 단장으로 한 5명의 사절단이 미국을 향해 떠난다. 그때 통역을 맡았던 조선 정부의 정식 부사가 바로 퍼시벌 로웰(Percival Lowell)이었다. 그는 우리나라 체험을 『고요한 아침의 나라』 등의 저서로 소개한 사람이지만 지금 그 기억은 사람들 속에서 묻히고 화성 연구를 주 목적으로 아리조나 주에 로웰 천문대를 설립한 천문학자로 더 잘 알려져 있는 인물이다. 그가 천문학자가 된 것은 우리나라와의 인연이 끝난 후의 일이다.

천문 과학자답게 그의 관찰은 정교하고 표현은 매끈하다. 나는 위 구절을 읽다가 내가 왜 답사를 가면 옆에 누가 있다는 것에 관심을 두지 않게 되었는지를 짐작할 수 있었다. 동행자와 어울리는 것은 대부분 산을 내려온 후 술자리에서였다. 혼자 떠나는 답사가 많은 것도 그런 까닭인지 모르겠다. 자연을 접할 때 옆에 사람이 있으면 나의 기를 그에게 낭비하고 있다는 생각이 들 정도이다. 자연과의 대화를 위하여 친구와의 대화를 기피한다면, 나는 분명 정상은 아니다. 게다가 나는 산에 홀로 나서는 것을 극구 말리는 쪽이다. 공연히 쓸쓸해지고 고립될 수 있어 사회성을 잃을까 봐 해 주는 충고다.

그럼에도 불구하고 나 자신만은 자연과 독대(獨對)하고픈 심정은 결코 얕지 않다. 왜 그럴까? 한마디로 병이다. 다행히 요즘은 아내의 건강 때문에 자주 동행을 한다. 동행을 해 보니 그런대로 괜찮다. 아내라서일까? 아내를 자연처럼 여기게 된 까닭일까? 모르겠다.

사람이 사람을 죽인다

사람의 최대의 적은 사람이다.
—리처드 버튼

 현대는 총체적 신경쇠약이라 불릴 만한 불치의 인간 상황이다. 1979년 미국의 초등학교 6학년생이 지은 다음의 시는 그것을 잘 지적한다. "사람이 없었다면 / 오염도 없었을 텐데 / 사람을 없애자 / 그것이 유일한 해결책이다."(머레이 북친)

 인간의 고유한 가치를 잠식해 가면서 스스로 과학임을 자처하고 있는 두 가지 학설이 있다. 하나는 인간의 행위가 유전적 요인에 좌우된다는 생물학적 환원주의의 한 부류인

사회생물학이고 다른 하나는 인간을 '어머니 대지'의 순결한 몸에 기생하는 '지적(知的)인 벼룩'으로 간주하는 가이아 이론이다. 둘 다 일리도 있고 궤변일 수도 있다. 사회생물학에 따르면 인간을 유전자 기계로 환원하고 모든 이념, 정신, 사회 체제, 심지어는 질병까지도 유전적 필요성에 의해서 만들어진 것으로 간주하게 된다. 가이아 이론을 제창한 제임스 러브록(James Lovelock)도 그에 못지않다. 그의 이론이 환경론자에 의해 추앙을 받는 면이 있음에도 불구하고 그는 공해나 핵발전소 문제 같은 휴머니즘적인 사안에는 거의 관심을 보이지 않는다. 러브록은 단호하게 일침을 놓는다.

"내가 알고 있는 가이아는 비행을 눈감아 주면서 과잉보호하는 어머니도 아니고 난폭한 남자 때문에 위험에 처한 연약하고 가냘픈 처녀도 아니다. 가이아는 규칙을 지키는 자에게는 따뜻하고 편안한 세상을 마련해 주고 규칙을 어기는 자는 가차없이 파괴하는 엄격하고 강인한 존재다. 가이아의 무의식적인 목표는 살아가기에 알맞은 지구를 만드는 것이다. 만약 인간이 방해가 된다면 목표를 향해 전속력으로 날아가는 탄도 핵미사일처럼 인정사정없이 제거해 버릴 것이다."

가이아 이론 또한 휴머니즘과는 거리가 멀다는 것을 단적으로 보여주는 예이다.

결국 환경 파괴는 욕심에서 비롯된다. 그러나 욕심은 인간의 본성이며 문명 발전의 원동력임도 부인할 수 없는 사실이다. 우리가 진정 사람을 아끼고 사랑한다면 그런 본성을 가지고 있음에도 불구하고 그들을 돌볼 수밖에 없다. 풍수는 인간의 욕심을 부정하지는 않는다. 다만 그 과도함을 주의하고 있을 뿐이다.

"자연의 흐름을 따르라. 그 흐름을 방해하지 말라"는 것이 풍수의 가르침이다. 하지만 그보다 더 중요한 것은 사람이 사람을 대함에 있어서, 마찬가지로 자연을 대함에 있어서도 측은지심을 잃지 말라는 것이다. 세상 모든 것이 측은하지 않은 것이 어디 있겠는가? 불쌍히 여기면 용서가 되고 세상은 평온을 되찾을 것이다.

지구는 슈퍼마켓이 아니다

지구는 당신의 슈퍼마켓이 아니라 우리의 어머니다.
— 부시 미국 대통령의 유럽 방문을 반대하는 피켓

그렇구나. 이런 표현도 가능하구나. 서구인들도 땅을 어머니로 생각해 왔구나. 모르던 일도 아닌데 새삼 작은 감동을 준다. 아마도 구호(口號)가 내포하고 있는 선동성 때문인지도 모르겠지만, 지구를 그러니까 자연을 슈퍼마켓의 상품처럼, 특히 일회용 상품처럼 취급하고 있는 현실을 잘 적시하고 있어서 그랬을 것이다.

어머니는 마냥 자애롭지 않다

모체와 태아는 시작부터 치열한 생존경쟁을 벌인다. 태아의 입장에서는 자신을 위해 모체로부터 에너지를 가급적 많이 빼앗아야 하고 모체는 태아의 엄청난 식욕과 성장욕에 대항하여 자신을 보호할 방어기제를 동원한다.
- 이은희

모정은 무조건적이며 불변의 것으로 믿는다. 그러나 과학의 연구 결과는 그런 통설을 부정한다. 모체와 태아는 서로의 생존을 위하여 한치의 양보도 없는 투쟁이 벌어지는 사이라는 게 생물학의 연구 결과이다. 태아는 모체로부터 영양을 공급받기 위해 hPL이란 호르몬을 분비하는데 이는 임신성 당뇨나 임신 중독증 등을 일으킨다고 한다. 모체라고 가만히 당하지는 않는다. 모체는 아기의 유전자에 들어 있는 절반의 이물질(남자의 정자에서 나온)을 외부의 적이라

규정하고 항체를 만들어 태아를 공격한다. 내 개인적으로는 이런 지식을 알게 된 것이 즐겁지만은 않다.

풍수가 '어머니인 땅'이라고 할 때 어머니는 자애로움의 극치이다. 나는 그렇게 믿어 왔다. 한데 알고 보니 그게 아니다. 어떤 일정한 생존경쟁의 규칙이 있다는 것이다. 우리가 어머니로부터 많은 것을 빼앗을 때, 어머니는 우리에게 엄격한 교훈을 준비하고 있는지도 모른다. 먹고 살기 위한 농사는 최소한의 피해를 어머니인 땅에게 입히지만 더 잘 살기 위한 개발이란 어머니의 생명을 위협할 수도 있다. 이미 그런 단계에 접어든 것이 현실이다. 어머니의 엄중한 꾸지람은 가혹할 수도 있다. 어쩌면 우리의 생명 자체에 치명적일 수도 있고, 그런 조짐은 이미 수없이 나타나고 있다. 아직은 경고 단계라 할 수도 있겠지만 그 단계가 어느 정도까지 이르렀는지는 누구도 모른다. 그저 조심하고 조심할 일이다. 어찌 되었거나 어머니는 우리에게 생명을 주고 길러 주신 최고의 은인임에는 이론의 여지가 없다. 너무 진부한 표현이지만 상생(相生)의 지혜를 찾아야 한다. 그것이 구체적으로 무엇인지 아직은 모른다 해도 찾지 않으면 안 된다.

생명사상은 땅과의 교감이다

마침 봄이었는데, 어느 날 감옥의 쇠창살 틈으로 하얀 민들레 꽃씨가 감방 안에 가득히 날아들어와 반짝거리며 허공중에 하늘하늘 날아다녔습니다. 참 아름다웠어요. 그리고 쇠창살과 시멘트 받침 사이의 틈, 빗발에 파인 작은 홈에 흙먼지가 날아와 쌓이고 또 거기 풀씨가 날아와 앉아서 빗물을 빨아들이며 햇빛을 받아 봄날에 싹이 터서 파랗게 자라 오르는 것, 바로 그것을 보았습니다. 개가죽나무라는 풀이었어요. 새삼스럽게 그것을 발견한 날, 그저 '생명'이라는 말 한마디가 그렇게 신선하게, 그렇게 눈부시게 내 마음을 파고들었습니다. 한없는 감동과 이상한 희열 속으로 나를 몰아넣었던 것입니다.
—김지하

시인 김지하로부터 비롯된 생명사상에 관한 논의는 그 시의성이나 필요성에서 매우 적절했다고 생각한다. 문제는 그에 대한 후속 논의가 진척이 없다는 것이다. 이것은 아마도 그를 뒷받침할 학제적 이해의 부족과 후학들의 태만, 그리고 무엇보다 시인 자신의 생명사상 설명이 모호하다는 데서 이유를 찾을 수 있을 것이다.

그러다가 『생명과 자치』라는 책에서 시인 자신이 설명한 대목을 읽으며 바로 이것이었구나 하는 느낌을 받은 대목이다.

얼마나 간단한가? 생명이란 무릇 그런 것이다. 보통 때는 힐끗 지나치던 대상이 어느 순간 갑자기 온 몸과 마음을 끌어당기는 때가 있다. 나는 본래 동물에는 관심이 많지만 식물에는 별로 마음이 당기지 않았다. 지난 봄, 건강이 악화된 아내와 안양천변을 산책하면서 비슷한 감회에 젖었던 기억이 새롭다. 아직은 메마른 들판에 콩알만한 꽃들이 다닥다닥 붙어 있는 것이 보였다. 땅바닥에 쭈그려 앉아 그야말로 하염없이 그것을 바라보았다. 아무 생각도 없이 그저 바라보기만 했는데도 생명의 신비를 보았다는 과장된 감정이 끓어올랐다.

과수원집 아들이었던 내가 이 정도의 모습에 감탄을 할 이유가 없는데도 그날은 그랬다. 아마도 아내의 건강 악화를 바라보며 삶에 대한 생각을 늘상 지니고 있었던 때문이었을 것이다.

생명의 탄생은 그 자체로 경이이고 신비이다. 성장은 즐거움과 보람을 준다. 하지만 쇠퇴와 소멸을 알게 되면 생명의 덧없음과 함께 고통을 느끼게 된다. 그래도 계절이 바뀌고 세월이 흐르면 새로운 생명이 시작된다. 나 자신의 고통은 내 문제일 뿐, 생명은 변함없이 제 길을 간다. 그 생명의 터전이 바로 땅이다. 그래서 생명의 여러 가지 양태들은 바로 땅의 경이로움으로 전환될 수 있다. 풍수가 생명사상에 접근할 수 있는 근거가 바로 여기에 있다. 땅도 생명인지라 시간의 흐름에 따라 각가지 모습을 드러낸다. 색깔도 다르고 모양도 바뀌고 느낌도 다르다. 하지만 땅은 변함없이 그 자리에서 자신의 생명을 드러낸다. 생명의 생장소멸(生長消滅)이 측은지심을 불러일으키듯 땅도 생명이기 때문에 애처로움을 느끼게 한다. 그 애처로움이 정을 끌어들인다. 땅에 대한 정감이 바로 풍수가의 마음가짐이 되어야 한다. 그렇게 되면 땅과의 교감이 이루어진다. 쉽게 말하자면 땅과 얘기가 된다. 그러면 풍수가 이루어지는 것이다.

어떤 교회의 선교 팸플릿을 보니 이런 글귀가 들어 있다.

"하나님은 성경 속에만 복음을 써 넣지 않으셨다. 나무와 꽃과 구름과 별들 가운데에도 기록하셨다."

이 또한 생명사상과 다르지 않다는 것이 내 우둔한 짐작이다.

위인은 당장 손해날 짓은 하지 않는다

풍수의 논리는 자연이라는 것이 동심원의 형태로 우리의 삶을 전후좌우로 둘러싸면서 우리와의 관계를 맺어 나가고 있다. 그러나 이러한 사상은 우리가 자연 안에서 길지를 택함으로써 어떻게 더 복되고 안락한 삶을 살아갈 것인가에 관심을 가질 뿐, 우리가 자연과 더불어 의미 있는 삶을 영위해 나간다는 좀 더 적극적인 자세에까지 미치지 못한다는 아쉬움이 있다.

— 장회익

이 지적은 부분적으로 그리고 현실적으로 사실이다. 대부분의 사람들이 그렇게 풍수를 이해하고 있으니까. 하지만 자생풍수에서 병든 땅을 고치고 달래서 조화를 이루며 살아보자는 노력 또한 엄연히 존재한다는 사실은 들어 있지 않다.

그는 우리 국학(國學)이 수행해야 할 과제로 두 가지를 들고 있다.

"그 하나가 서구 과학과의 조화 문제이다. 우리의 문화

속에는 '비과학적'인 요소들이 적지 않게 들어 있다. 문제의 해결은 쉽지 않다. 이런 요소들이 걸림돌이 될 수도 있고, 또 이를 잘못 제거하려다가는 교각살우(矯角殺牛)의 어리석음을 범할 수도 있다. 또 하나는 '속도'의 문제이다. 여기서 우리가 유의해야 할 점은 '문화적 가속 페달'과 '문화적 브레이크'를 적절히 활용해야 할 것이다. 오직 조심스런 운전자만이 이 일을 해낼 것이다."

적절한 지적이고 전적으로 동감이지만 문제는 아직은 우리 누구도 조심스런 운전자가 누구인지 모르고 있다는 점이다. 불행히도 내가 바로 그 사람이라고 자신 있게 말할 수 있는 사람은 아직 없는 듯하다. 더욱 심각한 문제는 가속 페달을 밟자는 운전자나 브레이크를 밟자는 운전자 사이에 화해의 기미가 보이지 않는다는 것이다. 예컨대 화장장(火葬場) 건설 문제만 보더라도 필요를 인정하면서도 주민의 눈치만 살필 뿐 분명히 대안을 제시하는 정책 결정자가 없다는 것이 좋은 예증이 될 수 있을 것이다. 그렇다고 이런 일을 다수결 원칙에 따르자는 것도 유치하고 비현실적이다.

이 문제에 관한 한 나는 중국 속담인 '위인은 당장 손해 날 짓은 하지 않는다'는 쪽에 서 있다. 나야 당연히 위인이 아니고 또한 지식인으로서 비겁하지만 대안이 없으니 어쩌랴. 그러나 만약 내가 의사 결정자라면 필요불가결한 시설이니 다음 선거에서 떨어지고 당장 욕을 먹더라도 적절한 입지를 물색하여 가속 페달을 밟는 쪽을 택하겠다. 다만 이렇게 할 경우 핸들을 조정하여 입지 선정을 여러 곳으로 하여 위험을 분산할 계책은 마련할 것이다. 대안 없이 눈치만 보며 시간을 끌다가는 대형 참사로 이어질 수 있기에 해 본 소리다.

풍수도 선택의 문제라는 점은 여러 곳에서 지적해 왔다. 선택은 민주주의 원칙으로도 이치로도 해결되지 않는 경우가 많다. 다수가 항상 옳다는 확신도 없고 논리가 언제나 바르게 흐를 수도 없다는 것을 그간의 경험을 통하여 무수히 겪어 온 바에야 느낌과 직관에 맡기는 것도 한 방법이 될 수 있을 것이다. 풍수에서 이론보다 중시하는 것이 직관이다.

2

근원으로 돌아가는 일

직관은 삶을 눈부시게 한다

세 명의 과학자의 실험 결과 쉰 번 정도의 연습으로 피실험자들이 평균 70% 날씨를 맞춘다는 사실을 확인했다. 논리적인 뇌로서는 해결할 수 없었던 복잡한 문제의 핵심을 직관적으로 파악한 것이다.

의식이라는 친숙하고 분명한 분석 장치의 이면에서는 조용하고 어두운 힘이 작동되는데, 이로부터 발생하는 무의식적 행동, 비합리적 확신, 이유가 나중에 밝혀지거나 끝내 밝혀지지 않는 육감 등이 우리의 삶을 복잡하고 눈부시게 만든다. 사랑의 선택을 좌우하는 것도 바로 이 어둠의 체계이다.

— 토머스 루이스 외

풍수의 본질이 '땅에 대한 사랑'이란 점을 감안한다면, 이 주장은 풍수의 방법론도 바로 이 어둠의 체계, 즉 직관, 무의식, 비합리, 육감 등에 의지하고 있다는 것을 유추할 수 있다. 하지만 주의하라.

이런 어둠의 체계는 분명 신비주의의 범주를 벗어날 수 없다. '신비의 사기꾼들'에 대한 대비책이 없는 상태에서

이 방법을 과대 포장하는 것은 매우 위험한 일이다. 현재 풍수의 연구 단계로 볼 때 일반인들은 그저 풍수 전문가의 인격과 품성을 판단하여 그에 의존할 것인가 말 것인가를 결정할 수밖에 없는 딱한 현실이다.

삶은 논리보다는 이해와 느낌으로

풍수는 논리나 배움이 아니라 이해와 느낌으로
알게 되는 분야이다.

— 필자

사실 풍수뿐 아니라 사람도 논리와 학문 체계에 의하여 배워서 알게 되는 것은 아니다. 고 정주영 전 현대 회장 같은 사람이 학문이 깊어 그런 용인(用人)의 달인이라는 칭송까지 들었겠는가. 그는 타고난 직관력과 소위 감(感)이란 것으로 그런 경지에 이른 것이다. 풍수 공부 또한 이와 다르지 않으니 무릇 풍수를 배우고자 하는 사람은 이 점 유의해야 할 것이다. 그러나 전문가가 되려면 얘기가 다르다. 그들에게는 다른 유파와의 논쟁을 위해서도 풍수 발전을 위해서도 논리적인 체계 구축과 고전에 대한 공부, 그리고 현장 답사를 통한 경험이 필요하다.

미신이라면서 왜 풍수에 의존하는가

인간은 속기 쉬운 동물이므로 무엇인가를 믿어야 한다. 선한 믿음의 기반이 없을 때 인간은 악한 믿음에 만족한다.
― 버트런드 러셀

풍수를 전공하다 보니 할 수 없이 남의 집이나 무덤자리에 대해서 관여하게 되는 경우가 종종 있다. 당연히 집안에 좋지 않은 일이 생겼을 때 그런 부탁을 해 온다. 먼저 다른데 이유가 없는지를 철저히 살피라고 해 봐야 거의 소용이 없다. 막무가내로 풍수에서 그 이유를 찾고 싶어 하는 사람들이 의외로 많다. 이 경우 풍수는 악한 믿음으로 작용할 뿐이다. 하지만 내게도 빠져나갈 구멍은 있다. 살다 보면 누구나 땅에 대해서 죄를 짓게 마련이다. 그 점은 지적해 줄 수 있다. 최소한 내 신념에 어긋나는 사기를 치는 것은 아니기 때문이다. 최근 유행하는 인테리어 풍수라는 것이 대표적인 사례일 것이다. 거기에 유익한 무엇인가가 있을 가능성은 인정한다. 더구나 그로 인하여 자문을 구한 사람이 심리적 안정을 찾을 수 있다면 굳이 그건 정통의 풍수에서 벗어난 일이라고 말할 필요는 없을 것이다.

토머스 루이스는 『사랑을 위한 과학』에서 이렇게 말한다.

"공허한 환원주의와 허황된 미신이라는 두 개의 함정에 빠지지 않기 위해서는 증거를 존중하는 자세를 가지는 동시에 입증되지 않은 것들과 입증 불가능한 것들에 대한 우호적인 자세도 견지해야 한다. 인습적 권위를 거부하는 관점과 자유로운 상상력도 중요하지만 상식도 그와 동등한 비율로 결합되어야 한다."

매우 적절한 타협안이 아닌가?

자연도 사람처럼 대접하라

어머니 지구를 이용할 때에는 정당한 감사의 표시가 필요하다.

— 베어 하트

인천공항을 건설할 때 당시 사장이던 강동석 씨에게 이런 제안을 했다. 우리가 살기 위해 땅을 훼손하는 것은 불가피한 측면이 있다. 그렇다고 미안한 마음까지 갖지 않는다면 그것은 큰 문제다. 큰 공사를 하고 나면 희생자가 생기고 그들을 위해 위령비(慰靈碑)를 세우지 않는가. 풍수에서는 땅을 어머니로 대한다. 당연히 그분의 희생에 대해서도 응분의 마음 표시가 있어야 하며 그 명칭은 위지령비(慰地靈碑)가 좋겠다. 대략 이런 내용의 대화였다고 생각한다.

훗날 그분으로부터 위지령비를 세웠다는 얘기를 들었다.

그깟 조그만 비석 하나 가지고 무슨 위로가 되랴 하겠지만, 그렇지 않다. 희생된 사람들을 대하듯 희생된 땅을 대하는 마음은 그렇지 않은 경우와 천양지차(天壤之差)가 있다. 땅이 사람이라면 함부로 대할 수는 없다. 우리가 인권을 존중하는 것처럼 지권(地權)을 인정한 셈이니 소위 개발을 함에 있어서 자연에 대하여 사람과 같은 정도에 합당한 대접과 조심성이 수반되어야 함은 마땅한 일 아니겠는가.

근원으로 돌아가는 일

모든 종교의 가장 근본적인 주제는 '근원으로 돌아감' 이다.
— 엘리아데

 이와 비슷한 주장들은 여러 곳에서 발견된다. 신화학자 캠벨(Joseph Campbell)은 종교에서의 신앙 접근 과정을 첫째 집을 떠나는 것(leaving home), 둘째 위험의 고비를 넘기는 것(threshold), 셋째 궁극적 목적을 성취하는 것(ultimate boon), 그리고 다시 집으로 돌아가는 것(return)이란 네 개의 단계로 구분했다(이윤기 『천의 얼굴을 가진 영웅』에서 재인용). 집이란 곧 근원이다. 자신이 출발했던 곳, 고향이라 해도 관계없겠다. 풍수가 찾아다니는 명당이 바로 그런 곳이다. 인간의 출생이 이루어진 곳, 어머니의 자궁과도 같은 곳이다.

강원도 삼척시 도계읍 대이리 골말(谷村)에 그런 사례가 있다. 마을은 환선굴 들어가는 초입 깊은 골짜기에 자리 잡았는데 그 한가운데 촛대봉이란 바위의 상징성이 바로 그러하다는 것이다. 촛대봉이란 이름은 우리나라 곳곳에서 수없이 발견되는 아주 흔한 지명이다. 본래 좆대봉이나 발음이 거북하여 혹은 산 모양 때문에 촛대봉이 된 경우이다. 풍수가 찾는 땅은 불안과 근심이 없는 곳이다. 그런 곳은 마치 어머님의 품속 같은 땅이다. 안온하고 안정되어 있으며 근심 걱정이 없는 터. 어릴 적에는 그 품안에서 편안하게 살았다. 살아가면서 사람들은 어머님의 품을 떠나게 되고 불안에 빠져든다. 그래서 언제나 어머님의 품속 같은 삶터를 찾아 나서는 것이다. 그 길을 제시하는 것이 풍수다. 여기서 한 걸음 더 나아가 어머님의 뱃속, 즉 어머님의 자궁 속으로 회귀함으로써 완전한 안정을 취하려는 욕구가 나올 수 있다. 그 대표적인 것이 정감록 신봉자들이 찾아다니던 승지(勝地)다. 골말은 바로 그 어머님의 자궁 속을 상징하는 땅 구조를 가지고 있다. 촛대봉은 이곳이 어머님의 뱃속임을 분명히 하기 위한 확실한 증거다. 즉 발기한 아버님의 생식기의 표상이 촛대봉으로 나타난 것이다. 내 생각에는 그렇다.

천진난만한 꿈의 옹호자일지언정

물과 경치의 관계는 눈과 얼굴의 관계와 같다.
— 서양인의 관점

 물의 중요성을 그 누가 부정하랴. 공기와 함께 삶의 기본 요소이자 풍수에서 말하는 풍(風)이 바로 공기요 수(水)는 물이 아니던가. 얼굴이 경치라면 물은 눈이다. 화룡점정(畵龍點睛)이란 말이 대변하듯 눈은 얼굴의 총화(總和)와 같다. 이 말을 받아들인다면 물은 경치의 핵심이 되는 셈이다. 특히 우리나라에서는 물 없는 산은 생각도 할 수 없다. 지금 산에 물이 말라 가고 있다. 눈이 멀어져 가고 있다는 뜻이다. 그것도 급격한 시력 감퇴 현상이 빚어지고 있는데도 사람들은 크게 동요하지 않고 있다. 안경을 쓰면 되니까? 도수를 높여 가면 되니까? 그러다가 완전히 눈이 멀면 어쩔 것인가? 기술이 발달하여 개안(開眼) 수술을 받을 수도 있을 것이다.

솔직히 사람들의 감성이나 이성에 호소하여 수질 오염을 치유하기에는 불가능할 것이란 절망감이 든다. 지금 이 자리에서 먹고살기에도 급급한 형편에 어떻게 후대를 생각하며 참으라고 할 수 있을까? 그러느니 기술의 진보를 기대하는 것이 훨씬 더 현실적인 대안일지도 모른다. 세상의 혼탁도는 그 도를 극으로 높여 가는데, 그리하여 눈은 점점 더 흐려지고 얼굴은 보기 흉할 정도로 일그러졌다. 그런 모습에 익숙해져 가면서 기술이나 빨리 진전되어 문제가 해결되기를 바라는 풍수 전공자인 내 자신이 한심스럽기만 하다. 지금 나는 그 현실적 해결책을 풍수에서 찾고자 하는 노력을 기울이고 있다. 아마도 그것이 내 공부의 궁극적 지향점이 될 것이다. 비록 "뒤죽박죽의 혼란된 설교자" 또는 "천진난만한 꿈의 옹호자"(리터의 「아나키즘」, 방영준이 1995년 제2회 자유사회운동 국제학술회의에서 발표한 연설에서 재인용)로 평가될 가능성은 농후하지만.

풍수의 의의는 사고의 전환이다

오늘날 우리가 성경에서 얻고자 하는 일차적 목적은 성경을 통하여 정보를 얻자는 것이 아니라 사고의 전환을 얻자는 것이다.
― 오강남

 나는 기독교 신자가 아니다. 종교에 대해서는 아무런 판단도 가지고 싶지 않다. 다만 위 책을 읽다가 바로 이 구절에서 풍수에 관한 어떤 힌트를 얻었기에 인용하고자 할 뿐이다. 확실히 풍수를 오늘에 다시 생각하는 것은 풍수 자체를 통하여 땅에 관한 구체적 정보를 얻기 위한 것은 아니다. 오래전에 체계화된 풍수 논리로 오늘의 땅을 재단한다는 것은 무의미하기도 하거니와 유해할 수도 있다. 왜냐하면 이미 현재의 땅은 그 당시의 땅이 아니기에 그렇다. 산업화와

도시화가 극도로 진전된 시대에 농사짓던 시절의 땅에 관한 논리를 그대로 적용할 수는 없는 일 아닌가. 그때는 그때대로 땅의 논리가 있었고 지금은 지금대로 땅의 논리란 것이 있다.

여기서 필요한 것은 풍수가 주는 정보가 아니라 풍수를 통해서 얻을 수 있는 사고의 전환이다. 현대인들이 땅을 보는 시각은 인간의 입장에서 보자면 합리적이라 할지 모르지만 우주의 질서라는 측면에서 볼 때는 매우 불안정한 상태이다. 길게 설명할 것도 없이 현대인이라면 우리가 자연에 대하여 무엇을 잘못하고 있는지를 안다. 풍수는 그 잘못을 고칠 정보를 곧바로 주는 것이 아니라 사고의 전환을 통하여 잘못을 고칠 방법을 알려 줄 수 있다고 보는 것이 내 의견이다.

좀 부연하자면 현대인들이 땅을 단순한 물질로만 판단하여 소유하고 이용하는 대상으로만 여겨 왔기에 이런 우주 질서를 파괴하는 여러 가지 현상이 나타난 것으로 본다. 오염이라 해도 좋고 자연 파괴라 해도 좋다. 그것을 뛰어넘는 방법은 땅을 살아 있는 유기체로 보았던 풍수적 사고를 원용한다면 극복할 수 있겠다고 생각했기 때문에 풍수를 다시 불러내려는 것이다. 풍수로부터 직접 정보를 얻어내려 했다가는 이미 조선 후기 실학자들이 잘 지적했던 것처럼 패가망신의 술법을 시대착오적으로 다시 끌어내는 매우 어리석은 짓을 저지르는 결과를 가져올 뿐이라는 점을 확실히 해두고 싶어서 이 구절을 인용해 본 것이다.

산소 잘 써서 덕 좀 보자고? 어림없는 소리다. 이미 인생의 고해를 오래전에 다 겪은 분들이다. 이제는 영면으로 휴식을 취해야 할 분들을 이용해 보자는 것은 자연스럽지도 않고 인간적이지도 않다.

이 구절을 좀 진부하게 정리하자면 이렇다. 현대의 도시와 건축물은 인간이 만든 것이다. 또한 진화란 인간이 주위 환경에 적응해 가면서 변화하는 것이다. 그러므로 이제 인간은 자신이 만든 환경인 도시와 건축에 적응해야 한다. 혹은 인간적으로 변형해야 한다. 그것이 진화이기 때문이다. 그러니 풍수에서 현대인이 얻어야 할 것은 정보가 아니라 사고의 전환이라 말한 것이다. 그것이 바로 풍수의 현대적 변용이다.

상대방을 알아야 비평이 가능하다

떡에다 글을 써서 개에게 던져 주니
떡은 먹어도 글은 먹지 않는다네.
— 한산대사(寒山大師)

한산은 중국 당나라 때의 고승이자 시 200여 수와 『한산시집(寒山詩集)』을 남긴 시인이다. 본명과 생몰 연대는 알려지지 않았다. 기이한 행적을 남겼다고 하나 문수보살의 재현이란 평도 듣는 것을 보면 괴팍한 그의 성정은 불성(佛性)의 고고함에서 나온 것일 듯하다.

대학에서의 강의건 일반인을 대상으로 한 강연에서건 답답함을 느낄 때가 많다. 나는 산소자리 잡는 풍수에는 관심이 없고 그런 풍수는 악영향이 크기에 전문적으로 공부할 사람이 아니라면 그에 구애받을 일이 없다고 강조한다. 나 자신 죽으면 화장하여 유골을 묘목 밑에 묻어 그 나무가 내 유전자를 받은 '내 나무'가 되도록 할 생각인 만큼, 명당 잘 잡아 발복하자는 풍수와는 거리가 멀다. 그런데도 상당수의 사람들은 강연이 끝난 뒤 결국 산소자리 잡기에 대한 질문을 해 온다. 요즘은 그나마 나이가 들어서 그런지 어지간하면 좋게 대답을 하거나 간혹 조언까지 서슴지 않고 있지만 예전에는 화를 낸 적도 있었다.

조선 시대 실학자들은 그런 풍수 때문에 나라가 망할 것이라는 극언도 마다하지 않았는데(물론 속을 들여다보면 그들 중 많은 이들이 이중적인 기준을 갖고 있었다) 어찌 되었거나 대부분의 사람들이 산소 잘 써서 조상의 음덕(蔭德)을 받아 보자는 것으로 풍수를 알고 있을 바에야 그들을 좋은 쪽으로 이끄는 것이 더 좋겠다는 생각이 들기도 한다. 어차피 그런 사람들은 내가 아니더라도 다른 풍수가를 찾기 마련이니까.

그들이 내세우는 명분은 하나같이 "살아 계실 때 잘 모시지를 못해서 돌아가신 후에라도 잘 해 보려고 그런다"는 것인데, 과연 그럴까? 거의 다가 자기와 자식들의 번창과 대

외 과시용으로 그런다는 것은 물어보지 않아도 분명한 사실이다. 그 중에는 극히 일부겠지만 부득이 생전에 제대로 모실 사정이 되지 못해서 포근한 영면(永眠)의 명당을 찾는 경우도 있다. 그렇기 때문에 나는 전처럼 매몰차게 산소 풍수를 내치지 못한다. 게다가 나는 명색이 이 분야 전공자이니 공부를 위해서라도 풍수의 그런 부분을 무시할 수 없다.

청나라 때의 풍수가 심호(沈顥)가 지적하기를 "만약 그 논리적 근거를 알지도 못하면서 상대방을 이단(異端)이라 비난하면 그들이 반론을 펼 수 있으므로, 자신의 주장이 옳음을 펴기 위해서는 24대가(大家)들의 음양론과 오행설에 대한 이론을 모두 알고 있어야 한다. 나는 사대부들이 풍수에 대한 지혜에 관심을 기울이지 않은 채 천박하기 이를 데 없는 소위 달인(達人)이란 자들에게 휘둘리는 바 되어 그 부모들을 위태롭게 하고 번영이 아닌 재앙을 초래하고 있는 현실에 대하여 비탄을 금치 못하고 있다"고 했는데 전반부에 대해서는 전적으로 동감이다.

내가 음택풍수를 싫어한다 하더라도 그 이유를 바르게 알아야 음택풍수론자들을 공박하거나 설득할 수 있다. 잘 알지도 못하면서 그들을 반박한다면 그들을 설득하지도 못할 뿐더러 나의 무식을 천하에 공표하는 것이나 다름없기 때문이다.

어디 풍수 분야뿐이겠는가? 정치건 경제건 어떤 토론장엘 가 봐도 상대방의 주장을 제대로 이해조차 못하면서 제 말만 옳다고 떠드는 사람들을 흔히 본다. 아니 아예 들으려는 성의조차 보이지 않는다. 그러니 이게 어디 토론인가, 감정 싸움이지.

감정이 깔린 다툼은 화해가 거의 불가능하다. 상대로부터 뭔가 배울 점이 있지 않을까 하는 생각을 가지고 그의 말을 듣다 보면 유익하기도 하거니와 내 마음 또한 편하다. 하지만 그러기 위해서는 상대편 주장에 대한 공부가 있어야 하고 그의 주장을 경청할 자세부터 갖추어야 한다. 내 마음 편키 위해서도 그런 태도는 꼭 필요하다.

산을 보면 글이 있고, 책 속에 산이 있다

책을 보지 않고 신체를 연구하는 사람은 항로가 없는 바다를 항해하는 것과 같고, 단지 책에만 의존하는 사람은 항해를 포기하는 것과 같다.
— 토머스 루이스 외

 이론과 실제, 혹은 책에 쓰인 내용과 현지 답사 사이의 괴리, 이것은 어느 분야에서나 합치시키기 어려운 문제일 것이다. 책상머리에 앉아서 논란을 벌일 때는 막힘이 없는데 막상 현장에 투입되었을 때 보이는 태도에는 상당한 차이가 있는 사람들이 많다. 학자들이 특히 그런 경향이 높은 듯하다. 정치학과 정치가 그렇고 경영학과 경영이 그렇다. 석학 소리를 듣는 정치학자가 정치를 한다고 잘 하리라는 보장은 없다. 경영학이라곤 전혀 배운 적이 없던 고 정주영 현대

회장이 세계적 기업을 일군 것은 잘 알려진 사실이다.

풍수에서도 그런 사례가 있다. 풍수를 공부하는 사람들을 흔히 네 단계로 평가하는 관례가 있다. 그저 들은풍월로 좌청룡(左靑龍) 우백호(右白虎)를 따지며 산소자리 잡아 주는 지관은 평범한 눈을 가졌다 하여 범안(凡眼) 또는 속안(俗眼)이라 한다. 풍수 서적을 열심히 공부하여 이론에는 누구에게도 뒤지지 않을 정도에 이른 사람은 법안(法眼)이라 한다. 문제는 법안을 가진 풍수학인이 막상 현장에 가면 말문이 막힌다는 것이다. 책을 읽어 그 이치는 알겠는데 어떻게 그것이 현장에 적용되는지를 깨닫지 못한 답답한 경우이다. 이를 뛰어넘은 단계가 도안(道眼)이다. 이론과 실제가 종합 통일적으로 완연히 눈앞에 들어오며, 땅의 성격이 일목요연하게 드러난다. 가장 바람직한 경지라 할 것이다. 문제는 이론을 이해했으나 실제와 부합되도록 도안으로 넘어가는 과정이 설명 불가능한 점이다. 이 점을 배종호 교수의 경우에 비추어 따져보자.

"그동안 우연히 남원의 이종구 선생을 만났는데 그분은 풍수지리에 능했다. 그의 도움을 받아 침식을 잊어 가면서 전심으로 주력했지만 깨우침에 이를 수 없었다. 2년이 다

될 무렵 풍수 공부를 포기해야 할 지경에 이르러 이 선생을 다시 찾으니 다시 요약을 해 주며 좀 더 노력할 것을 권하였다. 이 때 느낀 것이 마음을 통일하는 일이란 점을 깨달아 정진을 거듭하던 중, 어느 심야 비몽사몽 간에 모든 산천의 형태가 살아 움직이는 심상을 몸으로 받아들이고 보니 드디어 교외별전(敎外別傳)의 진의(眞意)를 체득한 느낌이었다. 생각건대 『인자수지(人子須知)』란 풍수서를 쓴 서선계, 서선술 형제가 그 넓은 중국 대륙을 주유(周遊)한 결과 대략 절반을 답사하며 경험을 쌓았으나 그 현묘하고 오묘한 뜻을 해득하지 못하다가 친구의 주선으로 도사(道士) 조록독(趙綠督, 명나라 술객)을 만나 심야문답 끝에 말 한마디로 즉각 깨달았다(言下直覺)는 술회가 새삼 머리에 떠오른다."

이것이 바로 법안에서 도안으로 넘어가는 전형적인 과정이다. 여기에는 어떤 논리가 존재하지 않는다. 그 점이 바로 풍수를 현대 학문으로 만들지 못하는 가장 중요한 장애가 되는 셈이지만, 어쨌든 풍수의 또 다른 매력임에는 틀림없다. 그래야 산을 보면 거기에 글이 써 있고 글을 보면 책 속에서 산이 떠오르는 경지를 맛볼 수 있기 때문이다.

끝으로 신안(神眼)이란 것이 있는데 주로 산도깨비(山魅)와 같은 귀신의 눈을 갖고 본다는 것이라 신기하기는 하지만 대지(大地)에 이르면 귀신이 산의 정기에 억눌려 힘을 발휘하지 못하는 단계이니 정도(正道)가 따를 바는 아니다. 우리의 정치와 경제도 이론과 현장이 일치하는 도안의 단계에 이르러야 할 터인데, 꿈일까?

산 넘고 물 건너는 수고 마다 말라

산을 넘고 물을 건너는 수고(登涉之勞)를 마다
하지 말라. 보지 않은 것은 말하지 말라.
— 풍수 금언(金言)

풍수에서 답사의 중요성을 강조하기 위한 경구(警句)다. 일부 도시 및 지역 계획가들은 현장을 가 보지 않고 책상에서 어떤 지역의 개발계획을 짜는 경우가 있다.

어떤 자치 단체의 입지 선정위원이 되어 공무원의 안내로 위원들과 함께 현장을 나가 본 일이 있다. 명분은 물론 현장 답사였다. 첫 번째 후보지에 도착해서 당한 일은 황당함 그 자체였다. 버스에서 내리지도 않은 채 담당자가 손가락으로 창밖을 가리키며 여기서부터 저기까지가 그 범위라고 말한다. 나는 당연히 나가려 했다. "어디 가십니까?" "예, 답사 나가야지요." "바로 여기가 거긴데요." "현장을 봐야 될 거 아닙니까?" "예, 바로 여기가 현장입니다."

그럴 정도라면 왜 돈과 시간을 들여 거기까지 간 걸까? 사진만으로도 충분한데. 사람들은 답사의 중요성을 모른다. 담당자는 그렇다 치고 동행한 위원들은 모두 그 계통의 전문가들로 답사라는 말을 잘 알고 있는 분들이었다. 그런데도 그들 중 누구도 항의하는 사람이 없었다. 나는 그 자리에서 위원직을 사퇴하고 말았다.

이런 것을 '천상(天上)의 지리학(地理學)'이라 한다. 하늘에서 내려다보고 다 알았다는 듯이 선을 긋는 계획. 그 선이 현장에서 어떤 의미를 갖게 되는지에는 관심이 없다. 오히려 현장을 하나하나 직접 발로 밟으며 확인하려는 내 태도를 "저러면 거시적 안목을 잃게 될 텐데" 하며 걱정까지 하는 판이다. 그래서는 안 된다. 그렇게 하면 땅의 성격과 그곳에 살고 있는 주민들의 현실감을 느낄 방도가 없게 된다. 그 결과는 탁상공론이라는 현실 괴리적 현상으로 드러나 두고두고 후회의 씨앗이 된다. 풍수는 그런 걸 용납하지 않는다. 직접 보지 않으면 안 되는 것이 풍수이기에.

풍수는 신앙이 아니다

나는 신앙이 없으며 따라서 행복할 수 없다. 자신의 삶이 죽음을 향해 나아가는 한낱 방랑에 불과한 것일지 몰라 두려워하는 사람은 결코 행복할 수 없기 때문이다.
― 스티그 다게르만

나도 신앙이 없다. 하지만 행복할 수 없다고 생각지는 않는다. 물론 신앙의 필요를 느낄 때도 많다. 그렇다고 해서 필요가 곧 신앙의 확신을 위한 필수 요소라고는 보지 않는다. 내가 신앙에 관하여 너무 깊게 이성적 판단을 하고 있는지는 모르겠지만 신앙이 곧 행복이란 등식에는 동의할 수 없다. 또한 서구인들처럼 신앙이 곧 신에 대한 믿음을 뜻하는 것이라면 불교는 어떤가? 불교는 신을 인정치 않는다. 고타마 붓다 자신이 죽을 때 자신을 신으로 섬기지 말 것을 당부하지 않았던가. 그럼에도 불구하고 불교 신자가 신앙을 가지고 있다는 점을 부인할 종교학자는 아무도 없을 것이다. 이것은 어떠한 신념 체계가 종교를 대신할 수 있음을 암시하는 증거일 수 있다. 나는 풍수가 그런 신념 체계 중 하나라고는 절대로 생각지 않는다. 요즘 일부 사람들이 풍수를 신앙으로 간주하는 경우가 드물지 않기에 걱정이 되어 해 본 얘기다.

풍수는 천문학이 될까, 점성술이 될까

풍수는 천문학과 유사한 점이 있다.
— 필자

우리는 별을 관찰하지만 그것이 과학적 방법을 쓴 것이라 해도 유추 해석만 할 수 있을 뿐이다. 직접 별을 답사한다는 것은 불가능한 일이다. 그렇기 때문에 우리는 별로 구성되어 있는 우주의 진리에는 접근할 수가 없다. 풍수에서 보자면 지기(地氣)란 별과 같은 대상이다. 직관이나 이미지 등을 통하여 그것을 느낄 수는 있으나 그 실체를 파악한다는 것은 역시 불가능한 일이다. 그래서 자칫 잘못하면 천문학은 점성술이 되어 버릴 수도 있다. 풍수도 마찬가지로 천문학과 같은 합리적 학문 체계가 될 수도 있고 점성술과 같은 술법으로 전락할 수도 있다.

　우리는 별자리에 이름을 짓고, '너의 별', '나의 별', '고향의 별' 하는 식으로 상징성을 부여하는 데 의미를 두게 된다. 풍수에서 금 닭이 알을 품은 모양의 산세(金鷄抱卵形)니 장군이 칼을 차고 있는 모양(將軍佩劍形)이니 하는 풍수 형국론(形局論)도 결국 땅에 상징성을 부여하여 심리적으로 좋은 영향을 받고자 하는 데 중요한 뜻이 담겨 있다. '소우주로서의 인간(homo microcosmos)'이란 용어가 인간을 우주의 혹은 자연의 축소판으로 이해하고 있는 용어란 점에 유의하라.

집이 사람을 공격하다

"마치 집이 나를 공격하는 것 같았어요."
– 크리스토퍼 데이비스

근래 새집 증후군이란 용어가 자주 등장한다. 원래는 '병든 집 증후군'에서 나온 말이다. 우리 식으로 말하자면 터가 나쁜 집에 해당할 것이지만, 서양인이 말하는 이것은 새집의 각종 건축 재료에서 나오는 실내 오염물질 때문에 생기는 환경 질환의 일종인 '화학물질 과민증'을 말한다. 오염원은 바깥에서 스며드는 미세 먼지와 매연, 꽃가루 등 실외에서 발생하는 것과 건축 자재나 가정용 화학 분무제재처럼 실내에서 발생하는 것, 그리고 인체를 비롯한 각종 동식물에서 방출되는 이산화탄소, 암모니아, 메탄가스 따위 유기체에서 발생하는 것, 이렇게 세 가지로 분류한다. 과학적이고 납득할 수 있는 설명이며 객관적이다. 하지만 이런 것들이 새집에 살 때 생기는 원인의 모든 것일까? 그렇지는 않은 것 같다. 설명이 잘 되지 않는 이상한 이유도 있다는 것을 대부분의 사람들은 인정한다. 그런데 설명할 수 없다는 것이 이런 측면을 무시하게 하는 원인이 된다. 설명할 수 없다고 해서 실재하지 않는 것은 아니다.

풍수는 땅을 사람처럼 본다고 했다. 우리가 어떤 사람을 대했을 때 모든 객관적 조건이 좋음에도 불구하고 왠지 그 사람이 싫은 경우가 있다. 자기와 맞지 않는 기운(氣運)이 있기 때문이다. 궁합이 맞지 않는 것이다. 이럴 때는 자신의 직관을 믿는 것이 좋다. 하지만 현대인들은 알아듣게 설명을 하지 못하면 그것을 받아들이지 않는다. 자기를 믿지 못하고, 분명히 알 수 있는 조건에만 치중하다 보면 흔히 일어나는 현상이다. 맞선을 보았는데 가문도, 학벌도, 건강도, 경력, 게다가 성격까지도 좋다. 그런데도 무슨 까닭인지는 모르지만 싫다. 그렇다면 그 사람과의 혼인이나 동업은 재고하는 것이 안전하다.

1997년 3월 독일의 한 신문에 소개된 풍수 관련 기사를 보자.

"풍수지리는 물과 바람의 이론이다. 우주, 지구, 집터나 일터, 이 모든 것들은 하나의 '에너지 장(場) — 기(氣)의 장'이자 살아 있는 유기체다. 겨울철에 창문을 열어 규칙적으로 환기를 시키는 것은 에너지 낭비가 아니다. 사람과 마찬가지로 건물도 때때로 맑은 공기를 깊숙이 들여마셔야 한다. 잘못된 입지 선정과 잘못 지어진 건축, 잘못된 구조 배치, 잘못된 색상의 선택은 에너지의 장을 망가뜨린다."(김두규『우리 풍수 이야기』에서 재인용)

고층 아파트는 괜찮을까

18층 주민은 14~15층 주민에 비해 공포감은 3배, 불안감은 2배, 혈압은 1.8배, 맥박 수는 4배까지 높게 나타났다.
— 신문 기사

 오래전 텔레비전의 외화 중 UFO를 다룬 시리즈물이 있었다. 그 얘기들 중에 어떤 고층 아파트에 사는 믿을 만한 부부가 계속해서 UFO에 관한 신고를 해와 미 공군 특수 팀이 조사를 벌인 결과 그들이 고층에 사는 바람에 생긴 착시 현상이라는 판단을 내렸다는 것이 있다. 물론 그 결론은 잠정적인 것이었고 공식적으로는 미확인으로 남게 된다. 드라마로 꾸몄지만 실화에 가까운 구성이라 그럴듯하게 본 기억이 난다.

전주 우석대 김두규 교수에 의하면 이런 현상을 '병든 집 증후군(Sick Building Syndrome)'이라 하며 서구에서는 이미 1970년대에 사회 문제가 되었다고 한다. 그 증상은 두통, 현기증, 불면증, 신경통, 눈의 만성적 피로와 충혈 등이라 하는데, 『한겨레신문』 1997년 10월 18일자는 경북대 연구팀의 실험 결과를 위와 같이 인용하고 있다. 이 정도 얘기만 들어도 고층 아파트 거주자나 고층 빌딩 근무자는 불안 신경증에 걸릴 수밖에 없을 것이다.

물론 고층 건물은 풍수적 주거 조건에 맞을 수는 없다. 하지만 풍수가 성행하던 시대에 고층이란 개념이 있지도 않았거니와 경북대 팀의 실험 대상도 극히 제한적이기 때문에 한마디로 그 영향력을 단정 지을 수는 없다. 게다가 짐작건대 조사 대상자들은 고층 거주가 일천했을 것이고 고층에 대한 인식 또한 호의적이지는 않았을 것이며 학자들의 조사 대상이 되었다는 사실만으로도 불안감과 혈압이 충분히 높아질 개연성은 있다고 여겨진다.

나는 고층 아파트를 좋아하거나 싫어하지 않는다. 실은 살아 보지도 못했다. 하지만 높은 곳에서 사는 것을 원치도 않는다. 풍수적 이유에서가 아니라 고층이기 때문에 생기는 자연스런 공포심을 싫어하기 때문이다. 내가 그렇게 생각한다고 해서 다른 사람들도 그럴 것이라 판단하는 것은 속단일 뿐이다. 세대(世代)가 다른 우리 집 아이들은 고층 아파트에서 살아 보기를 원한다. 간혹 식구끼리 놀러 가면 모텔의 높은 층을 선호하는 경향까지 있다.

우리는 풍수를 옛날에 쓰인 그대로 따를 수는 없는 시대에 살고 있다. 당연히 현대에 맞는 재해석이 요구된다. 아이들은 특별히 고소공포증이 아닌 한 고층을 두려워하지 않는다. 생활환경이 그렇게 달라진 것이다.

10년 전 나는 영월에 살기를 원했다. 고전적 풍수의 이상향이었다. 그러나 아이들은 그런 환경을 못 견뎌 했다. 모름지기 그런 것이다. 자동차의 폐단이 크다고 그것을 없앨 수는 없다. 자동차 없이는 못 살 세상이 된 것처럼 고층 아파트 없이도 살 수 없는 세상이다.

좋은 땅은 도시에

지난 3주일 동안 자동차 보닛을 스쳐가는 시골 풍경을 볼 때면 간혹 왠지 모르게 거북해지곤 했다. 그녀는 미소를 지었다. 그녀의 눈앞에서 자동차 보닛은 움직이지 않는 중심축이고 땅은 계속 흘러가는 것처럼 묘하게 느껴졌기 때문이다.

— 에인 랜드

미국인들이 성경 다음으로 많이 읽는 책이라는 광고문이 붙은 소설 『아틀라스』에서 주인공 대그니 태거트가 한 말이다. 전5권으로 번역된 이 소설의 역자들은 그 내용을 이렇게 소개하고 있다.

"미국 경제계의 거물들이 기업가 정신을 제대로 이해하지 못하고 각종 규제로 발목을 잡는 정부에 맞서 하나 둘씩 세상을 버리고 자기들만의 공동체 아틀란티스로 잠적한다. 그런 와중에도 남녀 주인공인 리어든과 대그니는 끝까지 세상을 구원해 보겠다며 남는다. 하지만 목숨까지 위협하는 정부의 만행 앞에서 리어든은 먼저 아틀란티스로 떠난다. 그래도 대그니는 홀로 남아 마지막까지 이 세상을 구원하기 위해 발버둥치지만 자신이 아끼는 존 골트가 당국에 연행되자 뜻을 꺾는다. 대그니는 아틀란티스로 떠난 사람들과 힘을 합해 고문으로 죽을 위기에 처한 골트를 구해 아틀란티스로 들어가 세상의 종말을 기다린다. 마침내 공장의 불빛이 모두 꺼지고 철도가 파괴되고 약탈과 방화로 세상이 무너지는 날, 그들은 다시 이 세상을 재건하기 위해 돌아온다."

이 책은 마르크스의 노동가치론을 떠오르게 하기도 하고 파업이 잇따르는 우리 노동계도 생각나게 한다. 자기 이익이나 개인주의가 떠받치는 자본주의 세계에서 공동선(共同善)이라든가 부의 평등 분배를 주장하는 일이 얼마나 위태로운지를 보여주는 이 작품에서 그 점을 얘기하자는 것은 아니다. 단지 대그니의 땅에 대한 인식을 생각해 보자는 것이다.

우리는 흔히 좋은 땅, 풍수 용어로 명당(明堂)이라 하면 전원적인 이상향을 떠올린다. 게다가 명당에 어떤 전형이 있는 것으로 이해하기도 한다. 하지만 이 점을 간과해서는 안 된다. 누구에게 좋은 땅이 누구에게는 그렇지 못할 수도 있다는 점. 어떤 이는 설악산처럼 예쁘고 생기 넘치는 산을 좋아하는가 하면 어떤 이는 지리산같이 푸근하고 웅장한 산을 좋아한다. 나는 제주도의 중산간 지대에서 나타나는 평탄한 고적감을 즐기지만 많은 사람들은 바닷가의 아기자기한 풍경이나 한라산의 빼어난 자태에서 만족을 느낀다. 명당은 사람에 따라 다를 수밖에 없는 것이다.

소설의 주인공 대그니는 미국 유수의 철도 공장 소유주의 딸로 태어나 도시에서 상류층으로 성장했다. 그녀에게는 전원적인 시골 풍경이 거북하게 느껴지는 것이 당연하다. 그녀에게 시골은 명당이 아닌 것이다. 지금 대부분의 청소년, 청년 세대에게는 시골보다 도시가 더 익숙할 것이며 그들에게 시골이란 그저 며칠 놀다 오는 곳 이상으로 여겨지지는 않을 것이다. 명당은 각자의 마음속에 있는 것이기 때문에 그것을 객관화한다거나 체계화한다는 것은 거의 불가능하다. 이것이 풍수가 지닌 약점이 되지만, 바로 그렇기 때문에 풍수가 공감을 불러일으키는 것인지도 모른다.

'쏘(沼)를 팔 놈'

주자가 살던 시대에는 향리에 좋은 풍속이 많았을 것임에도 불구하고 주자 자신은 "향리에 좋은 풍속이 없고 세상에 좋은 인재가 없다"고 탄식을 하였다. 하물며 지금 이 시대에 있어서 겠는가.

― 이규경

윗글은 『오주연문장전산고(五洲衍文長箋散稿)』에 실려 있는 글이다.

그렇다면 현대인들은 어떤 장탄식을 늘어 놓아야 맞는 표현이 될까. 도대체 오늘의 우리들은 어디를 가야 좋은 향리를 찾을 수 있는 것인가. 좋은 마을은 찾아나서야 하는 곳인가, 아니면 만들어 가야 할 곳인가.

여기서는 『산림경제』의 편찬자 유암(流巖) 홍만선(洪萬善)의 터잡기에 관한 생각들을 궁리해 보기로 하자. 그는 인조에서 숙종조까지 살아가면서 실용 후생의 학풍을 일으켜 실학 발전에 선구적 역할을 한 이다. 그는 벼슬길에 있으면서도 마음은 항상 물외(物外)에 있는 것 같다고 술회할 정도로 은둔을 가슴에 품고 산 사람이다. 아마도 젊어서 아버지가 예송(禮訟)에 연루되어 파직당하는 꼴을 본 것이 영향을 미쳤을 것이다. 그러나 나이 쉰 넷에 전국에서 19명을 뽑는 선치수령(善治守令)에 대흥군수(大興郡守)로서 피선될 만큼 현실감각이 뛰어난 사람이기도 했다.

그도 역시 다른 실학자들과 마찬가지로 현실 도피적인 풍수석 길지 선호 관념과 현실 참여적인 지리적 가거지(可居地) 지향 관념을 상호 모순 없이 흉중에 같이 품었던 사람이다.

산림의 경제란 무엇인가. 유암은 말한다.

"옛사람이 말하기를, 의향에 따라 꽃과 대를 심고 적성에 맞추어 새와 물고기를 기르는 것, 이것이 곧 산림경제다."

사람이 그 뜻대로 살지만 자연의 이치에 어그러짐이 없는 것이 산림경제가 되는 셈이다. 요즘의 경제는 사람이 그 욕심대로 자연의 이치에 어긋나게 살아가는 것이 아닌가.

유암이 총론적으로 말한 터의 대강은, "반드시 그 풍기가 모이고 전면과 배후가 안온한 곳"이다. 명나라 진미공(陳眉公)의 말을 인용하여, "명산에서 살 형편이 되지 않으면 산등성이가 겹으로 감싸고 수목이 울창하게 우거진 곳에다가 얼마간의 땅을 개간하여 삼칸 집을 짓고, 무궁화를 심어 울을 만들고 띠를 엮어 정자를 지어서, 한쪽에는 대와 나무를, 다른 한쪽에는 꽃과 과일을 심고 나머지 한쪽에는 오이와 채소를 심으면 또한 노년을 즐길 수 있을 것"이라 하였다. 그야말로 양기풍수가 주장하는 바 그대로이다.

그러나 먹고 사는 일을 어찌 도외시할 수 있으랴. 그를 위해서는 반드시 먼저 지리를 가려야 하는데, 지리는 물과 땅이 아울러 탁 트인 곳을 최고로 삼는다. 그래서 뒤에 산이 있고 앞에 물이 있으면(背山臨水) 곧 훌륭한 곳이 된다. 그러나 또한 널찍하면서도 짜임새가 있어야 한다. 대체로 널찍하면 재리(財利)가 생산될 수 있고, 짜임새가 있으면 재리가 모일 수 있다는 것이다. 이것은 풍수니 뭐니를 떠나 상식이다.

유암이 『택경(宅經)』을 인용한 대목은 특히 탁월하다.

"『택경』에 이르기를 산 하나 물 한줄기가 다정하게 생긴 곳은 소인이 머물 곳이고, 큰 산과 큰 물이 명당 터로 들어

오는 곳은 군자가 살 곳이다."

좁다란 계곡, 아름다운 경치의 장소에 달랑 제 식구 한 철 보낼 수 있는 별장 터를 잡아 놓은 사람들은 『택경』이 지적한 대로 소인배에 지나지 않으니 서둘러 원 땅으로 복원시켜야 군자 근처에라도 갈 수 있을 것이다.

그 터에 지은 집(건축물)에 대해서는 이런 설명을 해 놓았는데 다음의 예를 보면 짐작이 되겠지만 이것은 의심의 여지 없이 풍수 전적에 나오는 주장 그대로이다.

"집 앞이 높고 뒤가 낮으면 후손이 끊길 것이요, 사방이 높고 중앙이 낮은 데 살면 처음에는 부귀를 누리나 뒤에 가난해질 것이요, 남북은 길고 동서가 좁은 곳은 처음은 흉하나 나중에 길할 것이요……"

이런 글귀는 유암이 그 내용을 믿어서라기보다는 풍수가의 주장들을 정리한다는 의미에서 제시해 놓은 듯하다. 사실 그런 주장들은 현장의 지세 형편이 어떠하냐에 따라 평가할 문제이므로, 잡다한 풍수가의 주장들이 있는 것은 사실이지만 괘념할 성질의 것은 아니다. 그런 것들은 정통의 풍수가들이 거의 입에 담지 않는 잡술에 지나지 않기 때문이다. 그러나 유암의 터잡기에 관한 기록들은 그것이 잡술이든 무어든 당시 사람들이 추종하던 것들이므로 사료적 가치는 충분히 있다고 하겠다. 일부는 오늘에 되살릴 수 있는 것들도 있다. 그런 것들을 살펴보기로 한다.

무릇 사람이 살아갈 터는 땅이 윤기가 있고 기름지며 밝고 따뜻한 곳은 길하나, 건조하며 윤택하지 않은 곳은 흉하다고 하였다.

살 곳이 못 되는 터로는 이런 곳들을 꼽았다. 탑이나 무덤 혹은 절이나 사당이 있던 곳은 사람들의 마음을 우울하고 둔탁하게 만들기 때문에 풍수서는 이런 곳을 인기(人氣)가 몸 아래쪽으로 쏠린다고 하여 꺼리는 곳이다. 기가 아래로 내려간다는 것은 심적 침체를 뜻한다. 대장간이나 옛 군영 터 같은 곳은 쇠와 병장기 부딪치는 소리 때문에 기가 흩어져 버린다고 본다. 심란케 하는 소음 공해가 연상되는 지적이다.

유암은 이런 지적도 하였다. "인가의 문전에 '곡(哭)' 자의 머리 부분처럼 생긴 쌍 못(雙池)이 있는 것은 좋지 않다. 집 안에 깊은 물을 모아 두면 양잠을 하기 어렵다"는 것이다.

근래 새로 조성하는 호화주택 중에 상당수가 집안에 연못을 조성하는 것을 볼 수 있다. 인공적인 연못의 조성은 우리 풍수에서는 극소수의 예외적인 경우를 제외하고는 극단적인 금기 사항이다. 안마당에 연못을 만드는 이 막되어먹은 버릇이 어떻게 해서 요즈음 유행이 되었는지 확실한 이유는 알지 못하겠다. 짐작키에 왜색풍이거나 서양 조경학의 영향인 듯하지만, 중국 풍수에 문자 뜻 그대로 매달린 풍수 교조주의자들의 영향일 수도 있다고 본다.

중국 풍수에서는 연못을 조성하는 경우가 많다. 일본에서도 정원에 연못을 파는 것이 흔한 일인 듯하다. 그러나 우리나라에서 뜰에 연못을 판다는 것은 그 집안 망하라고 고사를 지낼 때나 쓰는 수법이다. '쏘〔沼〕를 팔 놈의 집안'이란 우리 속담은 원수의 집을 보고 하는 소리다.

중국에서 처음 풍수가 발달한 지역은 반건조 지역이다. 그들에게 물은 대단히 귀중한 생활필수품이다. 물이 귀하기 때문에 중국 풍수에서 물은 재물을 상징한다. 우리나라 풍수가 물보다 산을 중시하는 데 대해서 중국 풍수가 산보다 물을 더 중요시 하는 까닭도 바로 그들의 풍토가 반건조 기후이기 때문이다. 집안에 연못을 팔 정도로 물이 풍부한 땅을 고를 수 있는 가문은 그들에게 대단한 수준일 수밖에 없으므로, 억지로라도 인공의 연못을 파는 것이다.

　일본의 경우는 우리나라에 비해서 강수량이 훨씬 많은 습윤 기후 지역이다. 뜰에 물이 고이는 것을 방지하기 위하여 인공으로라도 연못을 조성할 필요가 있다. 그래서 중국이나 일본은 연못을 선호한다. 우리나라도 전라남도 일부 지역처럼 상대적으로 강수량이 많은 곳은 의외로 연못이 발달되어 있음을 알 수 있다. 그러나 그것은 우리의 정통 풍수로 보자면 예외적인 경우이다. 간혹 자연적인 연못이 있는 경우는 그것을 그대로 뜰에 살리는 수는 있으나, 그럴 경우라도 주위를 약간 치장은 하거니와 절대로 연못을 더 깊게 한다거나 넓히는 일은 하지 않는다. 그래서 실학자들이 터잡기에서 연못을 흉한 것으로 이해한 것이다.

　심지어는 우물을 파는 것조차 매우 조심스러워 했다. 그래서 유암도 「거가필용(居家必用)」에 나오는 "당(堂)의 전후와 방 앞, 청(廳) 안에는 우물을 파서는 아니 되며, 부엌 가에 우물을 파면 해마다 심신이 허약해지고, 우물과 부엌이 마주 보고 있으면 남녀가 문란해진다"는 구절을 인용하여 집안에 함부로 물구덩이를 파지 말라는 주의를 주었던 것이다. 그러나 물을 쓸 수밖에 없는 것이 또한 집안인지라,

유암은 "옛 우물은 메우지 말아야 한다. 이를 메우면 식구가 눈이 멀고 귀가 먹게 된다"고 부연하였다.

　자연 상태에서 물이 나오는 것은 그것이 연못이건 우물이건 관계없지만, 아무 뜻도 모르고 혹은 그저 멋으로 많은 돈을 들여 그런 것을 조성하는 일은 땅의 기를 어지럽히는 일이므로 삼가라는 가르침이다.

실리콘 밸리의 풍수 열풍

인터넷 사업으로 거부가 된 차이사오사오가 대저택을 구입하면서 부동산 회사에 주문한 내용은 "가격을 묻지 않겠다. 풍수가 좋은 집을 구해 달라"는 것뿐이었다.

― 신문 기사

21세기 벽두인 2001년 1월 「미국 실리콘 밸리에 풍수 열풍」이란 제목으로 위의 기사가 실렸다. 같은 날 밤 나는 북경대에 유학하고 있는 한 학생의 전화를 받았다. 북경대에서도 풍수 강의가 인기를 끌었는데 파룬궁 사건으로 현재 담당 교수들이 자진해서 강의를 중단하고 있는 상태지만 곧 재개될 것이란 소식이었다. 단국대 김문수 교수에 의하면 미국과 중국은 물론이고 인도, 인도네시아, 싱가포르, 호주, 영국, 프랑스, 독일, 네덜란드, 폴란드, 스페인, 남아 공화국 등 대륙을 가리지 않고 풍수가 연구되고 있다고 한다. 그러나 그들의 관심은 우리가 지금 추구하고 있는 자생풍수와 같은 것은 아닌 듯하다. 그들은 주로 생활환경 속에서 기의 순환과 영향을 도식화하면서 건축물의 내외부 구조, 위치와 좌향, 가구 배치, 색깔 등 소위 인테리어 풍수로 알려진 생활 풍수에 관심을 두고 있는 것으로 여겨진다.

동양적 사고로 볼 때 이 세상의 구성 요소는 삼재(三才)로 불리는 하늘과 땅과 사람 세 가지이다. 그러나 과거에는 공기 오염의 염려가 없었기에 하늘과 땅을 합하여 오늘의 용어로 하자면 자연 또는 환경으로 대치할 수 있을 것이다. 따라서 당시 풍수에서 말하는 땅이란 결국 환경과 자연을 뜻한다.

땅은 자신의 존재 근거와 존속 이유를 유지하기 위한 질서를 가지고 있다. 한편 인간은 자신의 생존이나 본능을 만족시키기 위한 그들대로의 논리를 갖추고 있다. 땅의 질서와 인간의 논리. 그 양자 사이의 관계는 시대에 따라 크게 변화되는 양상을 보여주었다. 처음에는 인간의 논리가 땅의 질서에 순종하는 길이었고 다음에는 서로가 서로를 위하여 무관계하거나 때로는 서로 돕기도 하는 상생의 단계를 거치면서, 오늘날에는 서로가 자신의 입장을 견지하며 투쟁하는 장면을 연출하는 시대이다. 땅과 사람의 투쟁은 서로에게 깊은 상처만 남기고 있다. 땅은 오염을, 인간은 생존의 위협을 대가로 받게 된 것이다. 이제 우리 인간이 주체적으로 해 나갈 일은 서로 살아남는 공생의 방도를 찾는 길일 것이다.

닭이 봉황 되다

닭이 변해 봉황 되다(鷄變鳳凰).

닭의 갈비는 먹을 나위는 없으나
버리기도 아깝다(鷄肋).
―『후한서(後漢書)』

    나는 닭에 대해 편견이 없지만 옛 사람들은 꼭 그렇지만은 않은 것 같다. 계구마지혈(鷄狗馬之血)이란 말이 있다. 옛날 사람들은 어떤 서약을 할 때 희생물의 피를 마셨는데, 그 법도가 임금은 우마(牛馬)의 피를, 제후는 개나 수퇘지의 피를, 그리고 대부는 닭의 피를 썼다. 닭이 가축 중 개보다 못한 것으로 취급당한 예이다. 봉황이야 상상 속의 새이기는 하지만 가장 존숭받던 새이다. 그런데 하급의 닭이 최상급의 봉황으로 변할 수 있다는 것이다.

풍수에도 이 말이 통할 수 있다.

"완벽한 땅이란 없다는 것이 풍수의 가르침(風水無全美)"이다. 풍수는 본래 땅을 사람 대하듯 하는 법이라 이 말은 결국 완벽한 사람이란 없다는 말과 같다. 그러니 문자 그대로의 명당을 구한다는 것은 애초부터 불가능한 일이다. 여기서 각종 비보책(裨補策)이 등장한다. 땅의 기운이 너무 센 곳은 눌러 주고 약한 곳은 북돋워 주는 풍수적 땅의 치료법이다. 그래서 풍수를 의지법(醫地法) 또는 구지법(救地法)이라 하게 된 것이다.

실제 현장에 나가 보면 이론상 제대로 된 명당은 찾을 수 없다. 어딘가 흠이 있기 마련이다. 그것을 인위적으로 고쳐 명당을 만드는 수밖에 없다. 흔히 풍수를 운명론적인 술법으로 여기는 사람들이 많은데 그것은 오해이다. 오히려 운명을 바꾸고자 하는 적극적 사고가 더 많이 들어 있다.

바로 그 이유 때문에 조선의 대신들과 유학자들이 공식적으로는 풍수를 비난한 측면이 많다. 유학은 '하늘의 뜻에 따름(順天)'을 원칙으로 삼는다. 그러나 풍수에서는 "신의 뜻을 벗어나 하늘의 명을 바꿀 수 있다(奪神工 改天命)"고 주장한다. 명백히 유학의 기본을 뒤흔드는 발상이다. 그러니 유학이 국가의 지배 이념이던 조선 왕조에서 공식적으로 풍수를 거론하기 힘들었던 것이다.

지금 사람들이 산소자리 잘 잡아 조상 덕 좀 보자는 생각은 윤리적으로도 있을 수 없는 일이지만 풍수적으로도 속 좁은 판단이다. 어머니인 땅이 아프면 고쳐 드리고 심기가 불편하면 풀어 드린다는 인식을 갖고 땅을 대한다면 그 마음가짐만으로도 환경친화적일 뿐 아니라 자신을 위해서도 명당을 얻게 되는 셈이니 일거양득이 아니겠는가.

사는 곳이 착하면 마음도 착해진다

(聖人은) 몸을 최선의 땅에 두고, 마음을 최선의 못에 두고, 최선의 인을 베풀고, 최선의 실천적인 말을 하고, 최선의 다스림으로 바로잡고, 최선의 효능으로 일하며, 언제나 최선의 때를 따라 움직인다(居善地 心善淵 與善仁 言善信 正善治 事善能 動善時).

― 노자(老子)

    내 딸이 중국 영화 「천장지구(天長地久)」라는 영화에 열광한 적이 있다. 내가 아는 바로도 열 번은 족히 넘어 보았다. 천장지구라는 말도 노자에 나온다. 천지는 영원무궁하다는 뜻이다. 하지만 영화에서 이 말은 사랑은 영원하다는 뜻으로 쓰인다. 위 구절에서도 나는 첫 번째와 두 번째 구를 "사는 곳이 착하면 마음도 착해진다"고 해석하고픈 마음을 억누를 수가 없다. 이렇게 해석하면 바로 풍수가 추구하는 그것 자체가 되니까 나 같은 사람에게 이런 욕심이 들지 않을 수 없겠다. 얼마나 좋은 표현인가. 이 말은 뒤집어도 풍수적이다. 즉, "마음이 착하면 그가 사는 곳이 바로 명당이다."

마음이 편해지려면 포기하라

우리가 무엇을 놓아주고 동시에 포기도 하면 마음이 편안하다. 하지만 그냥 놓아주기만 하면, 그것이 계속해서 다시 돌아와 우리의 마음을 괴롭힌다. 정말로 놓아주고 싶다면 포기해야 한다.

— 베어 하트

이 책의 원제(原題) 『토착 아메리카 주술사(*Native American Shaman*)』가 서구적 개념인 『인생과 자연을 바라보는 인디언의 지혜』로 번역된 것은 맘에 걸린다. 아메리카 토착민들의 사고방식은 우리와 너무나 흡사하다. 이 책은 미국인의 관점에서 쓰였기 때문에 곳곳에서 흠이 발견된다.

각설하고, 마음이 편안키를 바라는 것이야 누군들 예외가 있으랴. 그러려면 포기하라는 것인데, 그야말로 비현실적인 주문이다. 포기할 수 없어 이렇게 고통스런 나날을 보내고 있는 것 아니겠는가. 그래도 마음의 평정을 위해 포기할 수 없는 것이 포기하는 마음이다. 역설이지만 사실이다. 이렇게 되면 모든 것은 마음공부로 귀착될 수밖에 없다. 풍수에서 명당을 잡을 때—오해 없기 바란다. 명당은 복 받자는 개념이 아니라 마음 편한 땅이란 의미로 쓴 것이다.—좋은 땅을 잡겠다는 욕심을 버리면 땅의 성격이 왜곡되지 않고 읽힌다.

온화한 기운이 좋은 땅을 만든다

온화한 기운이 재물을 모은다(和氣可生財).
－필자

풍수에서 말하는 땅기운(地氣)은 사람들의 화기(和氣)로 충분히 제어할 수 있다. 그 땅 위에 사는 사람들이 화기로울 수만 있다면 그곳이 바로 명당이다. 하지만 온화한 기운을 갖는다는 것은 말처럼 쉬운 일이 아니다. 최근 유행하는 인테리어 풍수의 견해는 주위에 쌓여 있는 잡동사니들을 치움으로써 그런 기운을 북돋울 수 있다는 점을 지적하고 있다.

당신이 사랑하고 자주 사용하는 물건에 둘러싸여 있으면 그것이 강렬하고 활기 넘치는 에너지를 내뿜음으로써 정상적인 기의 흐름을 북돋워 주고 당신의 삶을 즐겁고 행복하게 만들어 줄 분위기가 될 수 있도록 돕는다. 당신이 사랑하는 소유물은 보이지 않는 끈으로 연결된 요소들을 통하여 당신을 돕고 자양분을 공급하는 것처럼 보인다. 그러나 주위가 당신이 원치 않는 쓰레기나 불필요하고 망가진 것들로 둘러싸여 있다면 그것들이 내뿜는 부정적인 기운이 기분을 우울하게 할 뿐이다. 이 쓰레기 더미에 오래 머물수록 그 효과는 더욱 나쁘게 당신에게 영향을 미칠 것이다. 특별한 의미가 없는 것이라면 어떤 것이라도 던져 버려라. 그러면 무기력함을 떨쳐 버릴 수 있어, 당신은 정신적·육체적·영적으로 더 나은 느낌을 갖게 될 것이다. 집안이 난잡하면 필요로 하는 것을 찾기 어렵다. 집 열쇠를 또다시 잃어버리고 중요한 편지가 쓰레기 메일이란 블랙홀 속으로 사라져 버리며 휴대전화가 사라지는 것은 물론 그렇게도 신고 싶어 하던 구두가 신발장 뒤쪽 어디엔가 묻혀 버리는 일이 벌어졌다면, 바로 그때가 잡동사니 정리하기란 행동을 취할 때이다. 이런 끊임없는 혼란 상태는 이들 물건들로부터 나오는 에너지를 혼돈에 빠뜨린다. 이런 현상은 당신을 침착하고 질서 있게 하기보다는 어리둥절하게 하고 스트레스를 주게 된다. 따라서 당신 외부의 난잡함을 해소하고 기의 흐름에 시동을 걸면, 당신 내부의 혼란은 사라지고 삶은 분명 개선되기 시작할 것이다. 이러한 잡동사니 정리하기는 화색을 돌게 하는 유용한 방법 중 하나가 될 것이다.

사람이 평등하듯이 땅도 평등하다

저는 대안(代案)을 말하지 않아요. 아니 못합니다. 왜냐하면 천성산을 뚫는다는 말에 이미 깊은 마음의 상처를 받았습니다. 대안이라는 건 결국 천성산 대신 다른 데를 뚫거나 다른 곳을 지나가라는 소리잖아요. 제가 받은 마음의 상처가 너무 컸기 때문에 그 상처를 다른 누군가한테 안길 수가 없어요.

— 지율스님

참으로 풍수의 핵심을 꿰뚫는 지적이다. 풍수는 땅을 어머니로 때로는 사람으로 대한다. 그런데 최근 문제가 되고 있는 천성산이나 북한산 터널 공사에 대해서 심지어 환경단체에서조차 우회도로를 만들라는 주장을 한다. 이 산들은 수려하고 잘생긴 소위 명산이다. 북한산은 국립공원이기도 하다. 사람으로 치자면 빼어난 미인이란 소린데, 이런 미인은 건드려선 안 되고 별 볼일 없는 산이나 들판은 건드려도 좋다는 논리가 되는 셈이다. 어찌 미인과 범인(凡人)에게

차별을 둘 수 있는가? 게다가 취향에 따라서는 미인보다 평범한 사람에게 더 호감을 갖는 사람도 많다. 미인은 그만한 대가를 요구하기 때문에 사실 엄밀히 따져 보면 배우자 입장에서는 마냥 자랑스럽고 즐거운 일일 수만은 없는 일이다. 얼굴값 한다는 옛말도 있다. 미인이라고 모두 그런 것은 아니지만 미인이기 때문에 들이는 공은 범인을 능가하는 게 일반적인 현상이다. 게다가 남들이 눈독을 들일 염려도 있으니 이처럼 불안한 일이 어디 있겠는가? 물론 이 점은 나의 기우일 뿐이겠지만 말이다.

지율스님의 말씀처럼 대안은 없는지도 모른다. 그렇다고 현대를 살아가면서 그런 공사를 마냥 반대만 하고 있을 수도 없다. 최선이 없으면 차선책이라도 찾는 것이 일상인들의 상식이다. 아무래도 우회도로보다는 터널이 더 나을 듯싶지만, 명색이 풍수를 공부한다면서 공사를 찬성하기도 거북하다. 터널 입구에 생태다리(eco-corridor)도 만들고 터널의 길이를 늘여서 산 전체의 훼손을 최소화하는 방안이라면 참을 수도 있겠다. 어차피 국토의 대동맥인 백두대간은 여러 군데가 이미 동강난 상태이고 보면 땅기운을 운위한다는 자체가 허망한 노릇이기는 하다.

모든 것은 보기 나름이다

네가 잘나 일색이냐 /
내 눈이 어두워 네게 미쳤지.
—「인제 아리랑」

 모든 것은 보기 나름이란 뜻이다. 좀 더 진전시키면 마음먹기 나름이란 말이다. 소위 발복할 명당이란 것에 욕심을 가지다 보면 의외의 결과를 빚을 수 있다. 극단적으로는 이런 사례까지 있다. 즉 우물 밑에 시신을 매장하였을 때 그 물맛이 변함없으면 천하의 명당이고 변하면 나쁘다는 것이다. 실로 경악할 일이다. 시신을 우물 밑에 묻다니. 이러고도 하늘이 무섭지 않을까? 이런 것을 통틀어 괴혈(怪穴) 또는 교혈(巧穴)이라 하는데 이런 것은 당연히 정통 풍수서에는 언급되어 있지 않다. '제 눈에 안경'이란 말도 있지만 일이 이 지경이 되면 갈 데까지 간 셈이라 더 할 말이 없다.

평정-죽음-명당-풍수의 역설

대부분의 세포들에 대해서 평형은 죽음을 의미한다.
―스튜어트 카우프만

사람들은 혼돈 상태보다는 평형을 선호한다. 그래야 마음이 편하기 때문이다. 모두들 평형을 유지함으로써 마음의 평정이 이루어질 수 있다고 믿는다. 마음의 평정은 명당이 추구하는 좋은 땅의 조건이기도 하다. 그렇다면 왜 이렇게 앞뒤가 맞지 않을까? 평형을 바라는데, 그것이 죽음을 뜻한다면 어찌 명당의 필요성을 인정할 수 있을까? 답은 간단하다. 사람은 불필요한 것을 할 수 있는 유일한 생명체이기 때문이다. 우리가 하는 일을 조금만 되돌아 봐도 우리가 얼마나 필요도 없는 일에 시간과 노력을 기울이는지를 알 수 있다. 형식, 예의 같은 것들이 대표적일 것이다. 그리고 그것이 아무리 불필요한 것일지 몰라도 그렇기 때문에 인간일 수 있음 또한 부인할 수 없다.

만약 평형이 즉 조화라면 명당은 절대의 평형에 이른 죽은 자들을 위한 자리이다. 분명 명당은 산 자들을 위한 자리도 포함되는 것인데 이 어찌된 일인가? 죽음 같은 삶, 삶 같은 죽음. 풍수의 모호함과 역설을 대변하는 대목이다.

삶에 감사하는 사람은 죽음에도 감사한다

이제는 죽고 싶다고 하지 않아도 곧 죽을 때가 되었습니다. 얼마나 다행한 일인지요. 삶을 초조해하지 않는 사람은 죽음을 초조해하지 않습니다. 삶을 두려워하지 않는 사람은 죽음을 두려워하지 않습니다. 삶을 감사하는 사람은 죽음을 감사합니다.

— 정진홍

어느 얼빠진 자살 예찬론자의 말이 아니다. 도통한 사제의 말씀도 아니다. 저명한 종교학자이며 학술원 회원인 정진홍 박사의 글이다. 감히 누가 죽음이 가까이 다가왔음을 다행한 일이라 생각할 수 있을까? 알고 보면 죽음은 항상 우리 곁에 있다. 그저 남의 일이거니 여길 뿐이다. 사실 풍수에서도 삶과 죽음의 터 잡기 방법이 다르지 않다. 다만 규모의 차이만 있을 뿐이다. 나 자신 죽음에 대한 두려움 때문에 풍수를 배우기 시작한 측면이 있다. 그것은 내 발목을 잡는 귀신의 손아귀 같은 것이었다. 다행히 그 손아귀를 벗어나 지금은 죽음 그 자체가 아니라 죽음에 이르는 과정에 대한 두려움을 지니고 있다. 죽음 후는 내 알 바 아니라는 다분히 무책임한 생각을 가지고 산다.

플라톤의 『변명』에 소크라테스가 변론을 마치고 법정을 떠나면서 남긴 마지막 말이 다음과 같이 수록되어 있다. "하지만 이제 떠날 때가 되었군요. 나는 죽기 위해서, 그리고 여러분들은 살기 위해서. 그러나 우리들 가운데 누가 더 좋은 일을 만나게 될지는 신밖에는 아무도 모릅니다."

죽음을 두려워하지 않는 대표적인 두 부류가 있다. 하나는 죽음을 피안의 영생을 얻기 위해 거쳐야 하는 단계로 보고 그 영생을 소망하고 있는 기독교 신자 같은 이들이고, 다른 하나는 죽음을 통하여 비로소 정신이 육신이라는 굴레에서 해방되어 자유롭게 된다고 믿는 이들이다. 말하자면 소크라테스는 후자에 속한다고 하겠다. 한 걸음 더 나아가면 죽음을 동경하는 사람들도 있다. 시인 노발리스(Novalis) 같은 이들이다. 그는 말한다.

"깊은 슬픔 속에 우리를 잠기게 하였던 그 무엇이 이제 감미로운 동경과 함께 우리를 이승으로부터 데려간다. 죽음

속에 영원한 삶이 알려진다. 너는 죽음이다. 너만이 우리를 건전케 한다."

소크라테스의 말 중에서 내가 소중하게 담고 있는 얘기는 바로 다음의 것이다. "내가 만약 어떤 점에서 다른 사람들보다 지혜롭다고 말할 수가 있다면, 나는 사후(死後)의 일에 대하여 잘 모르기 때문에 그대로 모른다고 생각하는 점에서일 것입니다."

나는 자신을 지혜롭다고 생각지는 않는다. 하지만 사후에 대한 두려움에서 벗어날 수 있었던 것은 그것에 대해 알기를 포기했기 때문이라고 믿는다. 포기는 쉽지 않다. 그러나 결심하고 나면 그 해방감을 잘 알 수 있다. 죽음? 모른다. 그러므로 괴로워할 필요가 없다. 모르는 것에 대해서 두려워하고 괴로워할 필요가 어디 있는가?

머리로 받아들이지만 체득하기엔 어림없다

죽음이 불안인 동안, 삶 또한 내내 불안일 수밖에 없다.

개성 없는 삶이 개성 없는 죽음을 낳는다. 죽음의 몰개성(沒個性) 시대를 우리는 살고 있다.
― 김열규

삶이란 죽음이 있으므로 성립한다. 죽음이 없다면 당연히 삶도 없다. 논리적으로 그렇다. 하지만 나는 머리로 그 말을 받아들일 수 있지만 체득(體得)하기엔 어림도 없다. 삶과 죽음을 별개의 것으로 인식하는 것이 지금의 내 수준이다. 나도 삶의 연장선상에서 죽음을 이해하고 싶다. 아니, 이해는 된다. 그러나 정말 마음으로 받아들여지지는 않는다. 그게 바로 나의 한계이다.

자살은 타의에 의한 경우가 훨씬 많다

세상은 모순투성이다. 살려고 애쓰는 사람들을 한꺼번에 수십 수백만씩 죽이는 전쟁을 벌이면서, 자살을 시도하려는 사람을 위해서는 가용 인원을 총동원하여 이를 막으려 한다.
— 필자

사람들은 전쟁보다 자살로 더 많이 죽는 것으로 나타났다. 해마다 100만 명 가까운 사람들이 스스로 목숨을 끊고 있으며 이는 40초 당 한 명 꼴이라고 세계보건기구와 국제자살방지협회가 9일 밝혔다(2004년 9월 10일자 『중앙일보』 기사). 어떤 경우든 사람이 죽는 것은 막아야 한다. 그런데 대부분 타의(他意)에 의한 경우가 훨씬 많다. 사실 자살은 교통사고, 재난, 질병에 이어 13위에 그친다. 하지만 전쟁이나 살인보다는 순위가 높다. 오죽하면 자살을 하겠는가

하는 동정심은 당연하다. 사단칠정(四端七情)의 하나인 측은지심은 가장 귀중한 인간 본성이다. 그럼에도 불구하고 많은 종교는 자살을 죄악으로 친다. 그 또한 일리가 있다. 신이 부여한 생명을 스스로 끊는 것은 독신(瀆神)이 되기 때문일 것이다. 무엇이 되었든 자살이란 생명의 소중함을 망각한 결과임에는 분명하다. 대부분의 사람들은 한 번이라도 자살을 생각한다고 한다. 어려운 문제이자 풀기 힘든 숙제다.

'김장수 할아버지'는 살아 있다

토머스 제퍼슨은 미국 독립기념일 12시 경에 숨을 거두었다. 존 애덤스는 죽음을 앞둔 침상에서 제퍼슨의 사망 소식을 듣고 이렇게 말했다. "제퍼슨은 여전히 살아 있어."

— 다이앤 애커먼

제퍼슨은 미국의 제3대 대통령이자 미국 민주주의의 아버지로 잘 알려진 인물이다. 그러나 정치생활은 그도 말했듯이 '부수적인 것'이었다. 그가 진정 열정을 바친 것은 원예(園藝)였다. 그는 나무를 보며 "강렬하게 수직으로 내리쬐는 햇살을 받다가 그늘을 찾으면 극락에 온 기분"이란 표현을 쓸 정도로 나무에 정성을 쏟았다. 죽은 제퍼슨이 여전히 살아 있다고 말한 애덤스의 술회는 어떤 의미일까?

2003년 한식(寒食)에 즈음하여 다음과 같은 글을 『중앙일보』에 실은 적이 있다. 전문을 옮긴다.

돌아가신 분을 돌보는 방법은 천태만상이다. 우리는 오랫동안 매장(埋葬)을 해 왔지만 이 세상에는 화장(火葬)도 있고 수장(水葬)도 있으며 심지어 새의 먹이로 시신을 잘라 뿌려주는 조장(鳥葬)이란 것도 있다. 실학자 초정 박제가도 그런 사실을 잘 알고 있었다.

"매장이 아니라 수장, 조장, 화장, 현장(懸葬:나뭇가지에 매달아 시신을 육탈시키는 풍장의 일종)을 하는 나라에도 임금과 신하가 있다"며 그런 나라들도 신의와 예절이 있음을 강조했다. 그는 말한다. "이미 백골이 된 부모님을 두고서 자기 운수의 좋고 나쁨을 점치고자 하니 그 심보가 벌써 고약하다."

이미 뜻있는 사람들이 이 땅을 가리켜 '묘지 강산, 골프 공화국'이라 자조한 바 있다. 다행히 얼마 전부터 화장에 대한 반감이 크게 줄고 화장률이 올라가는 조짐을 보이고 있다. 좋은 현상이지만 문제도 있다. 우선은 화장장의 절대수가 모자란다는 것이고 다음으로는 그로부터 발생한 유골을 모실 마땅한 방법이 없다는 것이다. 물론 납골당이니 유골함이니 하여 여러 가지 시도가 있기는 하지만 이 또한 세월이 흐르면 매장 못지않은 폐해를 가져올지 모른다.

지난해 겨울 서울 보라매공원에서 납골함 전시회를 한다고 해 가 보고 크게 놀란 일이 있다. 그 제재가 돌인데다 규모 또한 거대해 이런 식으로 되어 가면 훗날 더 큰 골칫거리가 될지 모르겠다는 생각이 들었기 때문이다. 더욱 애가 타는 것은 그런 구조물들이 결국 산에 설치될 것인데 생김새가 전혀 우리의 산하와 조화를 이루지 못할 것이란 점이다. 토지 잠식 때문에 일기 시작한 화장이란 장법이 오히려 문제를 일으킨다면 어떻게 되겠는가.

화장장의 증설 또는 건립은 시급한 과제지만 주민들의 반대로 어려워지는 일이 생기고 있다. 이것은 주민과 사회단체, 그리고 정부가 머리를 맞대고 풀어야 할 숙제일 것이다. 그러나 납골당 문제는 쉽게 풀 수 있는 방법이 있다. 그것이 바로 유골을 나무 주위에 묻거나 아니면 그 위에 묘목을 심어 해결하는 것이다. 실제 이런 장법을 쓴 사회 저명인사도 있다.

세월이 흐르면 할아버지를 모셨던 나무는 할아버지 나무

가 되고 할머니를 모셨던 나무는 할머니 나무가 된다. 이윽고 아버지 나무, 어머니 나무 하는 식으로 가족 단위의 숲이 이루어져 간다. 게다가 이 방법을 취할 경우 누구도 혐오 시설 운운하며 반대할 근거가 없어진다. 물론 화장해서 뼈를 흩뿌려 버리는 이른바 산골(散骨)이란 것도 있으나, 돌아가신 분을 추모하기에는 아무래도 미진한 구석이 있다. 우리가 조부모와 부모의 무덤을 갖는 일은 사회 교육적 측면이 있음을 무시해선 안 된다. 한식이나 추석 때 수많은 사람이 지옥으로 표현되는 교통 사정을 감내하며 성묘 길에 오르는 것은 후손들로 하여금 "돌아가신 부모님께도 예를 차림이 이와 같은데 하물며 살아계신 부모님께는 어떠해야 되겠는가" 하는 암묵적 교훈이 있음을 간과해선 안 되기 때문이다.

내가 죽어 나무의 거름이나 된다고 꺼리는 분들도 있을 것이다. 죽음을 앞둔 장자(莊子)를 두고 제자들이 그를 후히 장사지낼 궁리를 하자 장자가 말했다. "나는 천지로 관곽(棺槨)을 삼고 해와 달로 벽을 삼으며 별들로 구슬을 삼는 데다 만물로 순장품(殉葬品)을 삼을 것이다. 이처럼 다 갖춰져 있는데 그에 무엇을 더하려 하는가."

제자가 물었다. "들판에 시신을 내다 놓으면 솔개와 까마귀들이 선생님의 시신을 쪼아 먹을까 두렵습니다." 장자는 아무런 미련 없이 이렇게 가르쳤다. "나를 들판에 놓아 두면 솔개와 까마귀의 밥이 되고, 땅속에 묻으면 굼벵이와 개미의 밥이 될 것이니 누가 먹든 너희가 무슨 상관이냐."

내가 죽어 한 그루 나무가 된다. 멋진 일이 아니겠는가. 세월이 흐르면 우리 가족들은 나무가 되어 숲을 이룬 채 또 다른 의미에서의 가족이 된다. 그 나무는 열매를 맺고 땅에 떨어져 또 다른 나무가 된다. 생명의 무한한 연장이다. 내 몸은 분해되었으나 나무로 거듭나고 그 나무는 나무를 낳아, 결국 생명 순환의 고리가 되는 것이다. 게다가 숲이나 산만을 고집할 필요도 없다. 들판도 좋고 도시 가운데 공원이라도 안 될 일이 있겠는가.

내가 이런 제안을 했을 때는 이것이 독창적인 것은 물론 너무 파격(破格)이라 상당한 반동이 있을 것이라 예상했었다. 내 예상은 빗나갔다. 2004년 9월 9일자 각 일간지에는 대략 다음과 같은 기사가 일제히 실렸다.

"지난 6일 타계한 김장수 전 고려대 농대 학장의 장례식이 수목장(樹木葬)으로 치러졌다. 화장된 고인의 유골은 생전에 그가 아끼던 50년생 참나무 밑 땅 속에 안장되었다. 봉분도 비석도 설치되지 않고 다만 그 나무에 고인의 묘임을 나타내는 '김장수 할아버지 나무'라는 명패가 걸렸다. 수목장은 스위스, 뉴질랜드, 독일, 일본, 영국 등 선진국에서 몇 년 전부터 각광받고 있는 자연친화적 장례의 한 형태다. 시신을 화장해 유골을 흙에 묻어 땅을 평평하게 한 뒤 그 위에 고인이 좋아하는 나무나 꽃을 심는 것이다. 울타리나 비석, 유골함 등 인공물은 전혀 사용하지 않는다. 자연에서 태어난 인간이 자연으로 다시 돌아가 영생토록 한다는 것이다. 산림청에 따르면 전국의 분묘 수는 약 2천만 기로 서울 면적의 1.6배인 3억 평 가까이 되고 매년 여의도 면적의 1.6배인 20여만 기가 추가된다고 한다. 게다가 이 중 70%는 연고자가 없는 무연 분묘로 사실상 버려진 상태의 것이다."

나는 스스로 우물 안 개구리임을 자처해 왔다. 아무리 그렇다고 해도 다른 나라에서 각광까지 받고 있다는 수목장을 내 고유의 제안인 것으로 오인했다면 대단히 부끄러운 일이다. 여하튼 이 장법은 우리가 깊이 새겨듣고 빠른 시일 내에 실천에 옮겨야 될 일이다.

사족(蛇足) 한마디.『인생과 자연을 바라보는 인디언의 지혜』에서 베어 하트(Bear Heart)는 강조한다. "나무는 우리의 친척이다. 우리는 나무를 가리켜 '서 있는 키 큰 형제'라고 부른다."

신라 시대에도 화장을 했다

신라 4대 탈해 이사금이 죽으매 미소류정의 구렁 속에 장사하였다가 뼈로 소상(塑像)을 만들어 동악에 모시니 지금의 동악 대왕이다.
34대 효성왕을 화장하여 뼈를 동해에 뿌렸다.
51대 진성여왕을 화장에 부쳐 뼈를 미황산에 흩었다.
52대 효공왕은 사자산 북쪽에서 화장하고 뼈는 구지제방 동쪽 산 옆구리에 간직했다.
53대 신덕왕은 화장하여 뼈는 함현 남쪽에 간직했다.
54대 경명왕은 황복사에서 화장하여 뼈는 성등 잉산 서쪽에 흩었다.
― 『삼국유사』

기록에 나타난 화장의 역사는 매우 오래다. 우리나라뿐이 아니다. 로마 제국에 불멸의 업적을 남긴 아우구스투스 황제도 화장되었다. 사실 화장은 가장 완전하게 죽음을 확인시켜 주는 장례 방법이다. 제2차 세계대전이 끝나고 폐허가 된 런던을 재건하자는 계획이 세워졌다. 드러내놓고 할 말은 아니지만 계획가들에게 전쟁은 이상적인 기회가 된다. 완전히 새로운 대지에 자기 방식으로 계획을 세울 수 있기 때문일 것이다. 영국인들은 전쟁이 끝나기 전부터 계획을 세웠다고 한다. 주도면밀하기도 하거니와 그 자신감과 용기는 가상타 하지 않을 수 없다. 문제는 계획을 실천에 옮기는 데서 드러났다. 많은 공동묘지를 이장해야 했는데, 상당수의 관 뚜껑에 손톱 자국이 나 있거나 머리카락, 손톱이 너무 자란 경우 등 묘지에서 죽었다가 다시 살아난 흔적이 있는 시신을 발견한 것이다. 끔찍한 일이다. 무덤 속에서 다시 살아나다니, 죽는 편이 훨씬 낫지 않겠는가.

이장(移葬)을 위해 파헤친 묘혈에서 나온 시신을 보면 대부분 너무나 끔찍한 형상이다. 부분적으로 부식(腐蝕)되어 있는 모습은 참기 어려운 혐오감을 불러일으킨다. 사정이 이러하니 누가 화장보다 매장이 더 인간적이라고 말할 수 있겠는가.

세계적 유명인들의 뒤끝

화가 고흐의 무덤은 프랑스의 작은 시골 마을 오베르의 보리밭에 빈약하게 설치되어 있고, 로맹 롤랑은 부르고뉴 지방(고향) 시골 마을 교회 묘지에 허름하게 설치되어 있으며 드골의 무덤은 시골구석에 2평도 안 되는 면적을 차지하고 있다. 1963년 로마 교황청은 화장금지령을 정식으로 폐지한 바 있거니와 소프라노 마리아 칼라스의 화장 유골은 에게 바다에 뿌려졌다. 등소평의 유골은 비행기로 바다에 보내졌으며 주은래의 유골은 천진과 황하 상공에서 살포되었다. 16년 후 죽은 그의 부인도 둘이 처음 만난 천진시 강물에 흘려 보내졌다.

― 홍사중

이들은 최고의 명성을 날렸던 예술가거나 중국에서 가장 존경받는 지도자들이다. 우리나라는 국립 현충원에 대통령의 무덤이 위압적으로 장대하게 버티고 있고 대령 이하는 화장이지만 장군 이상은 매장을 원칙으로 한다. 대조적이다. 무덤이 크다고 존경받는 것은 아니다. 거대한 호화 분묘는 뭇사람의 욕설 대상이 될 뿐이다. 삶에 열정을 지니고 최선을 다한 사람들은 그 뒤끝도 깨끗하다. 결코 초라하거나 빈약하지 않다. 그 의지와 내용이 오히려 장대하게 느껴질 뿐이다. 개인적으로 나는 그런 식의 산골(散骨)을 찬성하지 않는다고 밝혔지만 이 경우는 세계적인 명성을 얻었던 사람들의 예이다. 더구나 매장을 했더라도 호화와는 거리가 멀다는 점은 강조하고 싶다.

돈이 주인인 전당(錢堂)

명당(明堂)은 없고 명당(名堂)과 전당(錢堂)만 남았네.
— 필자

　명당의 개념은 간단하다. 황제가 신하의 조하를 받던 앞뜰을 지칭하는 말인데 풍수에 넘어와서는 주산(主山)과 좌우(左右)의 청룡(靑龍), 백호(白虎), 그리고 앞쪽의 안산(案山), 조산(朝山)으로 둘러싸인 아늑한 장소를 가리키는 말이 되었다. 겨울철이 춥고 북서 계절풍이 강한 우리나라 풍토에서 이런 명당은 당연히 주거 입지 조건으로는 적절한 곳이다. 그러나 이것만으로 명당의 설명이 끝난 것은 아니다. 그런 정도라면 짐승들도 찾을 수 있을 테니 말이다.

명당이 함축하고 있는 내용과 상징성은 말로 설명하기 어려운 무언가를 지니고 있다. 우리는 그것을 땅기운에 의지하여 드러내고자 하지만 지기라는 것 자체가 애매모호하기는 마찬가지다. 19세기 영국의 선교사가 명당을 보고 느낀 후 드러낸 그의 심정이 상당 부분 명당의 함의를 잘 나타내주고 있다. 그는 말한다.

"생명의 호흡(生氣)이라는 것은 말로써 표현될 수 있는 것이 아니다. 오직 눈으로만 인식될 수 있을 뿐이다. 진정한 명당에는 비술적인 빛의 감촉이 있다. 그것은 오직 직관으로만 감지할 수 있는 것이다. 산은 밝고 물은 맑으며 태양은 아름답고 공기는 부드럽다. 별천지가 바로 이곳이다. 혼돈 속에 평화가 있고 평화 속에 흥겨운 기운이 있다. 그런 장소에 들어서는 순간 새로운 눈이 뜨인다. 앉거나 눕거나 가슴은 기쁨으로 가득하다. 여기에 기가 모이고 정이 뭉친다. 중앙에서 빛이 비추이고 비술의 기운이 사방으로 뻗쳐 나간다. 명당 바깥은 그렇지 않다. 이슬방울같이 진주알 같이 갈라진 틈 사이로 흘러드는 달빛 같고 거울에 반사되는 영상과도 같다. 그것과 함께 놀려고 해도 붙잡을 수가 없다. 없애려고 해도 다 함이 없다. 이해하도록 노력하라. 말로는 표현할 수 없다."

장황하게 인용한 것은 명당에서의 느낌을 이토록 섬세하게 표현한 것을 다른 글에서는 찾아 보지 못한 까닭이다. 과연 명당은 그런 곳이다. 문제는 말로 설명할 수 없다는 것이다. 여기에 온갖 사이비 신비주의자들, 사기꾼들이 풍수를 빙자하여 사람들을 현혹할 수 있는 근거가 마련되는 셈이다.

그런데 지금 우리 땅의 처지는 어떤가? 공기는 탁하고 물은 더럽고 쓰레기는 곳곳에 흩어져 있다. 산골 밭에도 폐비닐이 펄럭이며 우리 또한 명당과는 거리가 멀다고 토로한다. 이제 명당(明堂)은 없다. 국토의 혈맥이라는 강들은 사람을 죽일 수도 있는 물질까지 운반하고 있고 척추인 산들은 곳곳이 끊겨 있다. 무슨 명당인가. 그저 몸이 무너져 내리지 않는 것만도 감사하며 살아야 하는 세상이다.

그래도 유명한 땅(名堂)은 있다. 서울도 유명하고 수도권도 유명하다. 각종 휴양지와 유원지도 유명하다. 명산(名山)에 명당(明堂)이 없다는 것이 풍수 원칙이다. 그래도 명산은 유명하다. 그런 유명한 명당이 과연 풍수적 명당인가? 당연히 아니다.

땅값이 비싸거나 오를 가능성이 높은 곳도 유명하다. 그러니 명당이다. 돈으로 결판이 나는 명당. 그것은 '돈이 주인인 땅(錢堂)'일 뿐이다. 그 주인을 버리고 싶지만 그렇게 하지 못하는 자신이 서러울 뿐이다.

음식도 제 입맛에 맞아야 훌륭하다

세상에서 가장 훌륭한 양념은 굶주림이다. 그리고 가난한 사람들은 늘 굶주려 있기 때문에 항상 맛있게 먹는다.
— 세르반테스

가족과 함께 하와이 여행을 갔을 때 얘기다. 대학생이었던 아들과 딸은 편식이 심한 편으로 특히 김치나 한식을 좋아하지 않았다. 도착 3일 후부터 녀석들은 한식을 찾기 시작하더니 그 다음날부터는 못 견디겠다며 짧은 회화 실력으로 직접 한식당을 찾아 나섰다. 물론 우리 부부도 함께였다. 그곳에 도착하여 벌어진 광경은 실로 가관이었다. 평소 먹지도 않던 곰탕을 주문하고 먹는데, 김치를 계속 더 달라고 종업원을 조르는 것이다. 아마 여섯 그릇쯤 비웠던 것 같다.

그리고 나머지 날들도 계속 그 집에서 끼니를 때웠다.

　동행했던 소설가 강석경 씨는 기가 차다는 표정으로 "이곳에 왔으면 여기 음식을 먹어야 제대로 된 여행이지 한식을 먹으려면 무엇 하러 여길 왔느냐"는 힐난이다. 어쩌랴 우리 부부 또한 외국 여행은 난생 처음이고 음식이라곤 우리 것에만 길들여졌으니 그런 흉보기쯤은 신경도 쓰이지 않았다. 게다가 초청하신 분의 호의로 프랑스 음식이니 이태리 음식이니 하며 고급스런 음식을 먹는데도 맛있는 줄을 몰랐다. 땅도 그렇다. 익숙하지 않으면 객관적으로 아무리 훌륭하다는 평가를 받는 곳도 그 자신에게는 명당일 수가 없다.

　나는 세상에 널리 알려진 최고의 명당이란 곳에서는 전혀 감흥을 받지 못했다. 오히려 허술하게 느껴지는 곳에서 마음이 편안해지는 경험이 많다. 고급 호텔의 레스토랑에서 음식을 맛있게 먹어 본 적이 없다. 둥그런 철판 식탁에서 값싼 안주에 막걸리를 마실 때가 제일 기분이 좋다. 객관적으로야 정신 빠진 짓이다. 하지만 내가 편해야 명당이지 남의 눈에나 좋아 보인다면 그게 무슨 소용이랴. 허술한 집들이 늘어선 골목길에서는 향수를 느낀다. 기분 좋은 안락감이 찾아든다. 그런 골목길에 들어서 있는 술집을 보면 그냥 지나치기가 무척 어렵다. 산도 잘 알려지지 않은 야산이 좋다. 그런 곳이 내게는 명당이다. 명당은 주관이 깊게 개입하는 개념이다. 하긴 그래서 풍수의 학문화가 어려운 일이지만, 학문이 인생에 언제나 도움을 주는 것도 아니고 때로는 풍수가 반드시 학문의 줄에 서야 하는지에 대해서도 회의적이다.

지금 여기가 가장 중요하다

과거는 기억 속에서 그리고 미래는 꿈속에서나 가 볼 수 있을 뿐이다. 무의미하다. 지금 여기가 가장 중요하다.

― 필자

명당이란 것도 과거의 영광을 뽐내거나 미래의 영화를 위해서라면 무의미해진다. 현재 이 자리에서 마음의 평안을 느껴야 명당이다. 자리 잘 잡아 무언가에 만족을 얻고자 한다면 허망한 노릇이다. 과거는 지나갔고 돌이킬 수 없으며 미래는 오지도 않았고 전혀 예측 불가능하기 때문이다. 지금 여기서 우리를 편케 해 주는 곳이 있다면 그곳이 명당이다. 어디 가서 무슨 명당을 구하랴. 신앙인에게는 죄송한 말씀이지만 내가 믿는 것은 이 우주에서 특별한 것이 모인 것이 삶이라면 그것을 되돌려 주는 것은 죽음이라고. 그 특별한 것을 동양철학에서는 기라고 부른다. 빅뱅이라 불리는 태초의 우주 탄생 때 태어난 우주의 원초적인 파동과 물질은 아직은 알려지지 않은 어떤 작용에 의하여 생명을 탄생시켰다. 무슨 이유인지는 모르지만 생명은 다시 원초의 그 무엇으로 되돌아간다. 내가 알고 있고 그렇다고 믿고 있는 삶과 죽음은 그런 것이다.

"나, 너무나도 작은 입자 / 전하(電荷)도 질량도 거절한 채 / 아무하고도 상대하지 않는다. / 나에게 지구는 단지 어리석은 큰 공 / 아무 거리낌 없이 뚫고 지나가 버린다. / 청소하는 하녀가 빈 방을 그냥 지나치듯 / 빛이 유리를 통과하듯 / 정교한 기체도 / 튼튼한 벽도 아랑곳하지 않는다네."

미국의 소설가 존 업다이크(John Updike)의 글이다. 너무 과장된 감이 없지 않다. 죽은 다음에는 무엇이 남을까? 사람들은 어떤 것이 사라진 뒤에도 '실재하는 것'은 아닐지라도 무언가 계속 남아 있을 것이라고 생각한다. 그런데 그것이 어떤 것이라고 누가 말할 수 있을까? 그것을 입증할 증거도 없다. 왜냐하면 있던 것이 사라진 뒤에는 돌이킬 수 없기 때문이다. 모든 것이 가설일 뿐이다. 이런 문제에 관해 이야기한다는 것은 애초부터 무의미한 일이다. 유전학자 알베르 자카르(Albert Jacquard)의 말이지만 나 역시 전적으로 동감한다.

공간과 장소의 차이

 공간(space)과 장소(place)는 우리의 경험에서 매우 익숙한 개념이다. 공간이란 무엇인가? 신학자 틸리히에 의하면 그것은 개방성, 무한함, 막힘 없는 어떤 곳을 뜻한다. 장소란 무엇인가? 그곳은 식량, 물, 휴식, 번식 등 생물학적 필요가 충족되는 가치의 중심지이다. 지리학자들은 장소를 연구한다. 계획가들은 장소감(a sense of place)을 불러일으키고 싶어 한다.
― 이-푸 투안

이 책을 한국어로 번역한 구동회는 이렇게 말한다.

"공간은 움직임이며, 개방이며, 자유이며, 위협이다. 장소는 정지이며, 개인들이 부여하는 가치들의 안식처이며, 안정과 애정을 느낄 수 있는 고요한 중심이다. 인간은 수많은 경험을 통하여 낯선 추상적 공간을 의미로 가득 찬 구체적 장소로 바꾼다."

이-푸 투안은 물리학자 보어(Niels Bohr)와 하이젠베르크(Werner Heisenberg)가 덴마크에 있는 크론베르크 성 (원문에 Kronberg Castle로 되어 있으나 내용으로 볼 때 이는 Kronborg의 오기인 듯하다. – *Britanica Atlas* 참조)을 방문했을 때 이런 대화를 나누었다고 소개한다.

"햄릿이 이 성에 살았다고 상상하자마자 성이 달라져 보이는 것이 이상하지 않은가? 과학자로서 우리는 이 성을 단순한 석조 건축물로 보았다. 우리가 실제로 햄릿에 대해 아는 것은 13세기 어떤 기록에 그 이름이 나온다는 것뿐이다. 그가 정말 실존 인물인지는 누구도 증명하지 못했다. 그러나 사람들은 셰익스피어가 그에게 하게 했던 '사느냐 죽느냐 그것이 문제로다'라는 질문, 그리고 햄릿 역시 지구상의 한 장소, 이곳 크론보르크에서 발견되어야만 했다. 일단 우리가 그것을 알게 되면 크론보르크는 우리에게 완전히 다른 성이 된다."

그렇다. 그들 세계적인 과학자들은 별 의미도 없는 냉철한 공간에서, 햄릿을 떠올림으로 하여 따뜻한 장소로서의 사랑이란 감정을 갖게 된 것이다. 왜 그럴까? 왜 똑같은 범위의 땅이 공간에서 장소로 의미를 이동하는 것인가? 나는 최근 명당은 우리들 마음속에 있다는 생각을 품게 되었다.

마음이 땅의 성격을 규정하는 것이다. 그렇다면 우리는 땅을 어떻게 평가해야 하는가? 사람을 대하는 것과 마찬가지로 하면 된다. 상대방에게 악감정을 품으면 그 역시 나에게 그런 감정을 갖게 된다. 좋은 사람이라고 생각하면 나도 편하고 그도 호응한다. 내가 사는 집이 마음에 들지 않는다고 하면 계속 그 사실이 마음에 걸린다. 호방하게 생각하며 집의 장점만 찾아내어 마음을 다듬는다면 그때 그 집은 명당이 되는 것이다. 상대방에게 책임을 전가하지 말고 내 자신을 돌아보자.

명당은 찾을 곳이 아니라 만들어 갈 곳이다

유아(乳兒)들은 그랜드 피아노 아래로 기어들어가 매우 행복하게 앉아 있다고 한다. 그보다 나이 든 아이들은 놀 때 구석진 곳을 찾는다. 텐트나 뒷마당에 있는 나무집에서 밤을 보내는 것은 큰 즐거움이며 장시간 사냥여행을 하면서 오두막에서 묵는 것만큼이나 재미있는 일이다.
―아·푸 투안

 나도 경험한 일이지만 어린이들의 행태를 유심히 살펴보면 투안의 주장에 수긍이 간다. 물론 모든 어린이가 피아노 밑이나 구석진 곳을 찾는 것은 아니다. 문화의 차이 때문이겠지만 우리나라 어린이들은 혼자서 밤을 보낼 장소를 찾지는 않는다. 미국 아이들은 어려서부터 혼자 재워 버릇을 했기 때문에 그런 일에 익숙한 탓일 것이다. 어쨌거나 어린이들에게는 특별히 좋아하는 장소가 있다. 특히 야단을 맞았다거나 숙제를 하지 못했을 때처럼 불안하고 우울할 때 찾는 장소는 꼭 어떤 패턴을 보이는 것 같지는 않지만 분명 그런 곳을 갖고는 있다.

내 경우는 집 뒤 울타리 밑 잡초가 우거진 그늘진 곳이었다고 기억되고, 학교 가기가 싫을 때는, 사실 언제나 학교 가는 것이 너무나 싫었지만, 골목골목을 빙빙 돌며 시간을 끌었던 것 같다. 5·16이 나던 해 초등학교 5학년이었던 나는 그날 정릉천 둑길을 따라 학교로 향하고 있었다. 그런데 먼저 가던 아이들이 돌아오며 학교에 가지 않아도 되고 연락 올 때까지 집에서 자습을 하라는 전갈을 주는 것이 아닌가. 사실 그 길은 학교 가기 싫을 때 자주 이용하던 곳이었다. 내가 좋아하는 곳에서는 이런 좋은 일도 생기는구나 하며 기뻐했던 기억이 새롭다. 풍수적으로 말하자면 명당 잘 골라 덕 본 셈이다.

문제는 그런 평안을 주는 장소가 사람마다 다르다는 것이다. 명당을 객관적으로 설명할 수 없는 이유가 바로 여기에 있다. 내가 좋다고 다른 이에게도 좋은 곳이란 보장이 없는 것이다. 서양 지리학의 입지론에서는 입지 조건이란 것이 계량화되어 있을 정도로 개인의 주관이 배제되어 있다. 그러니 학문화가 가능하다. 하지만 저마다 기준이 다른 이론이라면 이미 이론이 아닌 게 되고 만다. 풍수의 학문 승격이 어려울 수밖에 없는 까닭이다. 하지만 중요한 것은 학문이 아니라 그 사람의 평안과 만족이 아니겠는가.

서양인의 명당, 지령관(地靈觀)

오늘날 교황청이 있는 자리에는 한때 이교도(異敎徒)의 신전이 자리 잡고 있었다.
— 티모시 프리크

도널드 휴즈(Donald Hughes)는 1988년 캘리포니아대학 데이비스 분교에서 열린 '지령(The Spirit of Place)'이라는 주제의 심포지움에서 발표한 「서양 지령의 역사」에서 서양의 풍수적 사고를 잘 정리하고 있다. 그의 논문은 이듬해 출간되었다. 그 내용 중 주요 부분을 발췌하면 다음과 같다.

이집트인들은 그들의 분묘와 사원 입지 선정 및 좌향(坐

向) 결정에서 대지와 천체의 기하학을 이용하여 그들이 장소가 지니고 있는 힘을 알고 있었음을 증명했고 이집트 사원의 어떤 성스러운 방은 때때로 부화(孵化)라고 일컬어지는 꿈속의 치료(자면서 꿈속에서 치료를 받는 방법) 형태로 이용되었다. 히브리의 족장 야곱은 돌을 베고 누워 잠을 자다가 땅에서 하늘에 닿는 커다란 사다리에 천사들이 오르내리고 그 위에 여호와가 서 있는 꿈을 꾸었다. 그는 여호와가 "너와 너의 씨앗에 의하여 대지 위에 있는 모든 가족들에게 축복이 내릴지어다" 하는 소리를 들었다. 잠에서 깨어난 야곱은 "여호와께서 과연 여기 계시거늘 내가 알지 못하였도다. 두렵도다, 이곳이여. 다른 것이 아니라 이는 하나님의 전(殿)이요 이는 하늘의 문이로다(창세기 28:11-22)." 그곳에 돌로 기둥을 세우고 그곳을 베델 즉 신의 집이라고 불렀다.

그리스 델피 신전의 입지는 원래 가이아(Ge 혹은 Gaia)라고 불리는 신성한 지모신(地母神)을 받들던 곳이었다고 한다. 실제로 파르나소스 산(山) 경사지 중앙에 위치한 그곳의 입지는 대지의 배꼽, 대지의 중심인 옴팔로스(Omphalos, 델피의 아폴로 신전에 있는 반원형의 돌로 세계의 중심을 상징함)였다. 이런 신화는 그리스인들이 BC 2000년 경 그리스 반도에 유입된 이래 일부 원주민들을 축출하면서 자신들 본래의 신을 섬기면서도 원주민들이 이미 발견한 특정 장소의 지령(地靈)들을 함께 경배했다는 것을 가르쳐준다. 의학의 아버지 히포크라테스는 어떤 장소는 어떤 질병에 유리하고 또 어떤 장소는 다른 질병 치료에 나쁜 영향을 끼친다는 것을 알고 있었다. 그는 도시 건설자들에게 이런 요인들을 고려할 것을 권고하였다. 철학자들 역시 장소에 관해 언급하고 있는데 테오프라스토스(Theophrastos)는 "모든 생명체에게는 그들이 번성하는 데 가장 알맞은 에너지와 조건을 갖춘 'oikeios topos' 즉 '적합한 장소'가 있다고 주장하였다. 아리스토텔레스도 동물과 관련하여 이와 유사한 지적을 하였다. 현재의 생태학(生態學, ecology)이란 말이 바로 여기서 나온 것이다. 이후 기독교의 전래 후에는 그런 자리에 성당이나 교회가 건설되며 이슬람에게 정복되었을 때는 그들의 사원이 세워졌다.

휴즈는 결론적으로 이렇게 말한다.

"우리는 가이아(地靈)로부터 우리의 삶에 필요한 것을 얻을 뿐만 아니라 우리들의 태도와 감성에 따라 그것을 달리 받아들이기도 한다. 자연 생태계가 손상되지 않았고 그들의 아름다움을 모든 면에서 발휘하며 기능하고 있는 대지가 지령이 가장 잘 드러나는 장소인 것이다."

풍수는 동아시아에만 있다는 오해가 퍼져 있다. 그렇지 않다. 서양에도 그와 유사한 사고방식과 사상이 있었다. 그것은 단순히 땅의 번식력만을 가리키는 게 아니었다. 그것 이외에 어떤 신령스러운 기운에 감싸여 있는 특정 장소가 있다고 생각했다. 그것을 가이아라 하든 베델이라 하든 또는 옴팔로스라 하든, 여하튼 그들에게도 지령 사고가 있었음은 여러 연구 결과 확실한 것으로 받아들여진다.

현대 미국인들에게도 고대의 여신상을 모방한 자유의 여신상이 있고, 로마의 사원을 다시 세운 듯한 링컨 기념관과 대법원 건물이 있다고 한다. 또한 국립기록보관소에 비치되어 있는 헌법이나 독립선언문에 접근하는 사람은 마치 성자(聖者)의 유해에 접근하는 듯한 태도를 취한다고도 한다. 이런 장소에도 지령이 있는 것으로 간주된다. 현대인들은 그런 장소가 지령과 관계없이 제멋대로 자리 잡은 것이라고 마음속에서 생각하고 있지만, 그렇지 않다. 그런 장소들은 역사적 관례와 그곳을 가 본 사람들의 경험에 근거하여 설립된 곳이다. 지령이 그 장소에서 자라게 되면, 사람들은 그 장소를 사랑하고 존경하게 된다. 아직까지도 어떤 사람들은 신령스러운 꿈을 꾸거나 치료 방법을 계시받기 위하여 워싱턴의 그런 장소들을 방문한다는 얘기가 있다.

심지어는 유물론자들의 본거지였던 과거 소련에서도 그와 유사한 예들이 발견된다. 모든 소련의 대도시에는 레닌과 위대한 애국 전쟁에 관한 기념물이 세워져 있었고, 이런 곳들은 장벽이라든가 숲 혹은 영원의 불길과 같은 것에 의하여 다른 장소와 분리되어 있었다. 방문자들의 경건한 태도 역시 어떤 신앙에 견주어도 손색이 없을 정도였다고 한다. 명백히 명당(明堂) 혈처(穴處)에 대한 우리의 태도와 유사하다.

돈이 명당을 만들 수 있을까

자본(資本)이 명당(明堂)이다.
- 공주 명당리 사는 80대 할아버지

이 할아버지는 고향이 황해도인데 풍수상의 승지(勝地)를 찾아 정감록에 명기되어 있는 풍기 금계동을 거쳐 공주 명당리에 정착한 전형적인 감결파(정감록을 믿는 사람들)이다. 오죽하면 마을 이름이 명당골이겠는가. EBS 풍수 기획물 촬영차 이곳을 찾은 것은 2001년 3월. 하지만 나는 그훨씬 전부터 이곳을 알고 있었다. 하기야 기획 자체를 내가 짠 것이니 이곳도 내 의도로 포함시킨 것이다. 그런 할아버지가 촬영 중에는 교과서적인 답변만 하다가 일이 끝나고 나서 단 둘이 산을 내려오며 느닷없이 던진 내 질문, "이곳을 정말 명당이라 생각하십니까?"에는 전혀 다른 답변을 했다. "소생이 뭘 알겠습니까마는 이 나이에 이런 산골에서 무슨 명당이라 생각할 게 있겠소? 난들 자본이 있으면 자식들 있는 대전 시내 나가 아파트에서 할멈과 함께 편안히 살고 싶은 생각이 왜 없겠소. 자본이 명당이지요." 그러면서도 '돈'이란 말은 결코 입에 담지 않았다. 충격이었다. 전형적인 감결파, 그것도 이제는 사고방식을 바꿀 필요도 없는 연배의 입에서 나온 소리니 더욱 놀랄 수밖에 없었다.

그즈음 나는 '명당은 마음속에 있다'는 쪽으로 생각이 많이 기울어 지금까지 공부해 온 풍수에 대해서 심각한 회의를 갖고 있던 중인데 이 말씀은 한층 심각하게 가슴을 쳤다. 자본이 명당이라, 곱새겨 볼 가치가 충분한 지적이다. 나도 "명당은 찾는 것이 아니라 만드는 것"이라는 선언을 한 적이 있었다. 명당을 만들기 위해서는 돈이 필요하다. 특히 도시에서는 더욱 그렇다. 돈만 있으면 명당처럼 꾸밀 수 있다. 그러니 자본이 명당이란 얘기는 옳은 말이다. 돈을 들여 물을 흐르게 하고 맑게도 하고 주위 조경 공사를 통하여 명당을 만들 수는 있는 일임이 분명하다. 그럼 이제 풍수에

뭐가 남을까? 마음속으로 여기가 명당이라 생각하면서 살아가면 되는가? 자본을 들여 명당을 만들면 되는가? 그렇다면 풍수는 무슨 소용이 있는가? 회의는 깊어지고 해결책은 나타나질 않았다. 그러니 건강인들 받쳐 줄 수 있겠는가. 몸까지 나빠지니 그저 허송세월할 수밖에 다른 방도가 없었다. 지금도 그런 회의에서 온전히 빠져나오지는 못했다. 하지만 돌파구는 찾았다. 마음도 자본도 중요하지만 풍수가 가르치는 땅에 대한 정(情)이란 기본적인 가르침은 찾아야 할 중요한 부분임도 분명한 사실이다. 그것이 구체적으로 우리들 삶 속에 어떻게 드러나야 할 것인지에 대한 고민이 남아 있다. 지금은 그걸 생각하고 있다.

머리는 진보에 가슴은 과거에 묻어 두자

우리는 이론적이고 교조적인 명당 개념을 바꾸거나 그런 것을 만들 수는 없다. 그러나 명당적 성격을 획득할 수는 있다.

— 필자

 명당이란 자신에게 평안과 쾌적함을 제공해 주는 곳이다. 그래서 그 내용을 체계적으로 설명하기는 대단히 어렵다. 그럼에도 불구하고 지금까지 수많은 풍수학인들이 그런 시도를 해 왔다. 그것이 이론적이고 교조적인 명당 개념이다. 그러나 그 이론을 맹목적으로 좇다 보면 결국 하나 마나 한 공허한 소리가 되기 쉽다. 명당이란 자신에게 맞는 땅이라는 게 내 주장이다. 자신에게 맞는 땅이란 무엇인가? 그걸 생각해내면 교조적인 풍수학자들은 그건 풍수가 아니라고 펄쩍 뛴다. 당신 생각이니 '최창조 지리학'이나 하라고 면박을 준다. 하지만 명당적 성격이라면 애기가 다르다. 우리 고래의 풍수학인들이 글로 남기지는 못했으나 그 뜻만은 그리 어려운 것이 아니다. 앞서 말한 바, 마음을 편안케 해 주는 곳이다.

나의 삶에서 가장 평안을 누렸던 때는 언제일까? 아마도 어머님 품 안에서 세상 모르고 자라던 때일 것이다. 그때는 철이 없었고 기억에서도 사라진 일이라 할지 모르겠다. 인자한 어머님의 품에 안긴 아기를 보면 대답이 될 수 있을지. 유아회귀적 희구는 본능이다. 이제 50대인 내 아내가 친구들과 채팅 방에서 쓰는 말투나 내용은 의심의 여지 없이 유아회귀적이다. 풍수 명당이 추구하는 바도 다분히 모성회귀적이다. 회귀에는 안정 열망이 깔려 있다.

현대는 불안하다. 붉은 네온사인 십자가가 산재한 서울의 밤거리 풍경을 거대한 공동묘지 같다고 표현한 외국인이 있다. 곳곳에 교회, 성당, 사찰, 기도원, 수도원, 수련원 천지다. 그만큼 생활이 불안하다는 증거다. 최근 풍수에 대한 관심의 고조도 그런 풍조와 무관치 않다. 개발과 보전의 이율배반적인 두 요소에 대한 조화는 비합리적이고 미신적이기까지 한 사람들의 주관적 공간 인식 경향을 만족시킬 수 있는 통찰력에 있을 것이다. 그것을 풍수의 현대적 변용이 담당할 수 있으리라는 것이 지금의 내 희망이다.

비슷한 경우로 퇴근길의 흐뭇함을 생각해 보라. 퇴근, 그것은 친숙한, 마치 어머니 같은 안식처로 돌아간다는 것을 뜻한다. 그러니 마음이 편해질 수밖에 없다. 친숙함은 과거의 특징이다. 집은 과거의 이미지를 제공한다. 결국 회귀적이란 얘기다. 풍수에서 진보란 원천적으로 불안을 내포한다. 변화는 과거와의 단절이다. 그러니 불안해질 수밖에 없는 것이다. 머리는 진보에 두되 가슴은 과거에 묻어 두는 것이 명당 길에 오르는 첩경이리라.

자연을 살리되 사람은 희생되어도 좋은가

팔당댐 저수량은 수도권 주민 4일치에 해당된다. 이 댐이 이 정도를 유지하는 것은 소양강댐과 충주댐과의 연계 때문이다.
— 신문 기사

　팔당댐 저수량이 4일치에 지나지 않는다는 것은 충격이다. 그것도 소양강댐과 충주댐의 도움 때문이라니, 그저 놀랍기만 하다. 풍수에서는 물의 흐름을 막는 것을 금기시한다. 흐름을 막는 것은 자연의 순리를 거역하는 일이 되기 때문이다. 당연히 댐은 반 풍수적(反風水的)인 인공 구조물이다.

　그러나 어찌하랴. 물은 필요하고 댐이 아니면 감당을 할 수 없는 것이 현실이고 보면 어찌 댐 건설을 무조건 반대만

하고 있을 수 있겠는가. 지리산의 소규모 댐 때문에 홍수 때 아랫마을이 피해를 입지 않았다는 보도도 있다. 댐 공사를 반대하여 건설을 하지 못한 곳은 어김없이 큰물 피해를 보았다고 한다. 매우 역설적인 현상이다. 무슨 놀랄 만한 해결책은 없을까? 불행히도 없다. 현대의 도시화는 돌이킬 수 없는 인간 세상의 흐름이다. 이 또한 흐름일진대 그것을 막는 것 역시 반 풍수적이 된다. 막을 수도 없다. 농사지으며 살던 옛날로 돌아가자고 할 수도 없는 노릇이다. 댐 건설로 인한 생태계 파괴를 좌시하지 못할 이유도 충분하다. 그렇다면 처음의 물음으로 돌아가게 된다. 어찌 하겠는가? 자연에 의지하며 그와 조화를 이루고 살아야 한다는 풍수의 가르침은 오늘날 무의미한 것이 되고 말았는가?

그렇지는 않다. 사실 이런 식의 문제들 때문에 나는 한때 풍수에 대하여 심각한 회의에 빠진 적도 있다. 기술의 발전을 기대하는 것도 하나의 대안일 수 있겠고, 매우 어려운 일이기는 하지만 사람들에게 물 절약의 필요성을 강조할 수도 있겠다. 그러나 이것은 해결책이 못 된다. 사람들이 말을 듣지 않을 테니까. 그렇다면 강압적인 수단을 쓰는 수밖에 없다. 과태료, 분담금, 벌금 등의 형사법적 처벌이 단기적 대응 방안은 될 수 있을 것이다.

 풍수는 순리(順理)를 따른다. 시대에 순응하는 것도 풍수적 도리이다. 인구는 많아졌고 물은 더욱 많이 요구되는 시대이다. 댐이 필요하면 댐을 만들라. 다만 그것이 버릇없는 아기가 엄마에게 떼를 쓰듯 무조건 물 더 내놓으라고 땅을 못살게 구는 정도여서는 안 된다. 땅도 살고 사람도 사는 방법을 찾아야 한다. 이것이 상생(相生)이다. 상생이란 상리공생(相利共生)의 준말이다. 나는 덕을 보지만 너는 손해를 보라고 해서는 상생이 안 된다. 댐을 만들되 그 상하류의 경관 조성에 정성을 다하여 혹여 생태계의 변환이 있더라도 이를 충분히 수용할 수 있는 지혜를 짜내야 한다. 생태계의 변화가 어떤 참화를 일으킬지는 누구도 모른다. 하지만 먼 장래의 일 때문에 당장의 갈증을 참아낼 수는 없는 일이다. 귀화식물(歸化植物)이란 것이 있다. 귀화는 나쁜 말이 아니다. 토종을 몰아낸 잘못은 있지만 이미 이 땅에 적응된 상태이다. 그것으로 보완이 가능한지를 가늠하여 댐을 쌓으라. 자연도 영원불변은 아니다. 풍수 또한 그러하다. 내가 배운 풍수는 상생(相生)의 풍수였다. 자연을 살리되 사람은 희생되어도 좋다는 것은 아니었다.

죽고 나서도 수고하는 김일성

경제 원칙이란, 일정한 효과를 최소의 비용으로, 혹은 일정한 비용으로 최대의 효과를 달성하려는 인간 활동의 원리이다.
―고등학교 경제 교과서

　근래 우리나라 사람들의 담론은 통일이요, 화두는 경제에 집중되고 있다. 두 가지가 단기적으로는 서로 대척적인 것임에도 불구하고 시류는 상생 관계로 몰아가고 있는 느낌이다. 거의 입버릇처럼 된 통일을 반대하는 사람은 최소한 공개적으로는 없다. 경제가 잘 되는 일 또한 바라지 않는 사람이 어디 있으랴? 문제는 통일이 남한 경제에 상당한 부담이 된다는 것을 잘 알면서도 이상하게 그 반대의 주장들이 횡행하니 신기하지 않을 수 없다는 점이다. 철의 실크로드

라든가 아시아의 중심축이란 얘기가 이제는 전혀 서먹하게 들리지 않는다.

보도들을 접하면 이런 혼란은 더욱 심해진다. 1천억 원에 달하는 50만 톤의 식량을 지원하면서 진지한 논의나 토론 한번 없었다는 불만을 쏟는 신문이 있는가 하면 그런 반론 자체를 수구 보수 세력의 반통일적 작태라고 몰아치는 언론도 있다. 나는 교수였으니 지식층에 속해 있을 텐데 나 같은 사람까지 혼란스럽기는 마찬가지다. 하지만 경제를 모르는 내가 어찌 이 논란에 대하여 줏대를 가지고 판단할 수 있을까? 통일을 향해 급히 속도를 높이고 있는 시점에서 남북 양쪽의 수도(首都)와 양쪽의 체제를 가능하게 만든 비무장지대의 지리적 성격을 살펴보면서 결국 그런 지리적 성격이 우리의 삶에, 즉 넓은 의미의 우리 경제에 어떤 영향을 미칠 수 있는 것인지나 따져 보기로 하자.

서울 얘기는 다른 곳에서 자세히 언급했으니 생략하고 평양을 보자.

평양은 전형적인 '배 떠나가는 모양(行舟形)'의 땅이다. 물길이란 게 흐름으로 이어지는 속성을 갖는다. 김일성 주석은 죽을 때까지 50년 세월을 일인 지배체제를 구축하여 추호의 흔들림도 없이 군림했다. 게다가 그 아들이 후계자가 되었으니 그의 지배는 소위 '유훈 통치'란 이름으로 명맥을 잇고 있는 셈이다. 그는 이미 생전에 우상화되었지만 지금은 신격화되어 있다. 하지만 경제적 궁핍화란 무거운 짐을 벗지 못하고 있음 또한 사실이다.

1997년 12월 18일 아침 김 주석의 시신이 안치되어 있는 주석궁에서 내가 느낀 감회는 아들을 군에 입대시키던 날처럼 표현하기 힘든 착잡한 것이었다. 엄격한 검색과 여러 차례의 소독, 수평 에스컬레이터 길이만 300미터가 넘고 거기에 일반 에스컬레이터까지 설치된 그곳은 수많은 사람들이 줄을 지어 빽빽이 늘어서 있음에도 불구하고 엄숙과 정적이 감싸고 있었다. 시신은 마치 잠들어 있는 듯했는데 머리와 발치 그리고 양 옆에서 모두 네 번 절을 하도록 되어 있었다. 본래 시신의 머리맡에서는 절을 하지 않는 것이 우리 고래의 예법이지만 그곳에서는 그곳의 법을 따르게 마련인지라 군말 없이 그렇게 했다.

당시 북한의 전력 사정은 최악인 것 같았다. 평양 밤하늘의 별빛이 그토록 맑고 밝게 빛났던 것은 전깃불이 거의 없었던 탓이다. 그런데 이곳 주석궁에서는 24시간 에스컬레이터가 가동된다고 한다. 북녘 주민들의 정신적 지주이자 신의 경지에 이른 사람에 대한 경외심의 발로였겠지만 나로서는 정말 그런 사태가 혼란스럽기 그지없었다. 게다가 나는 풍수를 전공하는 사람이다. 죽은 사람은 인간적인 통과 의례를 거쳐 영원한 휴식의 땅으로 돌아가야 한다고 배웠는데, 그의 시신은 그의 접견실 바로 옆 집무실에 생전의 모습 그대로 누워 있으니 혼란은 가중될 수밖에 없었다. 북한을 위하여 온 몸을 바친 사람이 죽어서까지 수고하는 것으로 비춰졌다면 나의 지나친 과민반응일까?

여하튼 우리나라는 남과 북이 전혀 상반되는 체제로 나뉘어 반세기를 넘어서고 있다. 이 체제의 보호막 구실을 해왔던 것이 비무장 지대(6·25 전까지는 38선)이다. 지금 추세대로라면 근간 이 보호막은 여기저기가 뚫릴 테고 결국 무너지게 될 것이다. 먼저 보호막 구실을 하고 있는 비무장 지대부터 생각해 보자. 지금 남한에서는 이미 경의선 복원 공사와 이어지는 4차선 국도 공사가 시작되었다. 머지않은 장래에 경원선과 동해 중부선 복원 공사도 이루어질 전망이다. 그렇게 되면 국토의 동쪽과 서쪽 끝 그리고 중앙에 세 개의 통로가 만들어지는 셈이다.

이 공사는 지뢰 제거 때문에 탱크보다 무거운 중장비가 땅을 다지면서 이루어지게 된다. 비무장 지대란 어떤 곳인가? 지구에서는 유일하게, 온대 지방이면서 인구 최대 밀집 지역인 희귀한 땅 사이에 끼인 50년 자연 회귀의 실험장에 해당되는 곳이다. 온대 지방의 쾌적한 자연 조건에서 사람의 발길이 전혀 닿지 않은 채 50년을 지내 온 데가 이곳 말고 어디 다시 있을 수 있겠는가? 만약 인위적으로 지금 이런 실험을 하자면 몇 조 달러의 돈 가지고도 안 될 일일 것이다. 진화론의 산실인 갈라파고스 군도의 중요성에 조금도 뒤지지 않는, 오히려 그 이상의 가치를 지닌 땅이 바로 비무장 지대이다.

폭 4킬로미터에 가로로 길게 뻗어 있는 이곳을 세로로 갈라 놓는다면 어떤 변화가 일어날지 누구도 예측할 수 없다. 도로 개설에 의하여 파괴된 생태계의 예는 수없이 보고되고 있다. 의도하지 않았던 인류 최대의 생태 실험장이 순식간에 파괴될 가능성을 배제할 수 없는 상황에 이른 것이다. 그래서 뒤늦은 감은 있지만 이런 제안을 해 본다. 주로 터널과 고가도로에 의한 개통을 고려해 보란 것이다. 터널 공사는 지뢰의 위험으로부터 벗어날 수 있으니 최선의 방법이지만 좀 비현실적인 것 같아서 고가 철도와 고가 차도를 제안해 본 것인데 몇 군데 포스트를 정하여 그곳에 헬기를 동원, 안전을 확보한 후 기둥을 세우고 연결하는 식이라면 오늘의 토목건축 기술로 보아 크게 어려운 일은 아닐 것이다. 물론 경의선 구간뿐만 아니라 경원선과 동해 중부선 구간도 이렇게 되어야 함은 두말할 필요도 없다. 그리고 다른 통로의 개설은 일체 금지해야 한다.

이런 비경제적이고 비현실적으로 보이는 공법을 제안하는 이유는 당연히 위에서 지적한 자연 회귀의 유일한 본보기적 가치 때문이지만 또 다른 중요한 이유도 있음을 알아야 한다. 남북 양 체제가 순식간에 허물어지는 때를 가정해 보자. 인정하고 싶지는 않겠지만 지금의 세태는 개인의 이익이 정서적인 민족의식을 앞지르는 상황이다. 말로야 통일을 부르짖지만 실제로 '너의 희생을 바탕으로' 라는 전제가 깔리고 그것이 현실화되었을 때도 그런 순수한 마음이 유지될 수 있겠는가? 내가 이기적이고 가족주의자여서인지는 모르겠지만 상당수의 사람들이 그런 상황을 못 견뎌 할 수도 있다는 점을 받아들이지 않을 수 없다. 밀려 내려오는 난민들을 수용할 태세는 갖추고 있는가? 체제 붕괴를 손 놓고 방관하고만 있지 않을 것이라는 보장은 있는가? 없다고 하는 것이 현실적인 판단일 것이다.

게다가 자본주의와 세계화의 속성상 돈이 될 만한 곳에는 사람이 꼬이기 마련이다. 벌써부터 비무장 지대 부근 땅값이 크게 오르고 있다는 사실이 그를 웅변하고 있지 않은가? 이제라도 국회는 비무장 지대 남북 양쪽으로 각각 폭 5킬로미터 정도씩의 '절대적인 자연보호 구역'을 설정하는 입법 작업에 들어가야 한다. 이런 제안이 경제성이 없다는 반론이 있을 수 있다. 그런데 경제란 무엇인가? 교육부에서 발간한 고등학교 경제 교과서에서는 "경제 원칙이란, 일정한 효과를 최소의 비용으로, 혹은 일정한 비용으로 최대의 효과를 달성하려는 인간 활동의 원리"라고 정의하고 있다. 최소 비용으로 최대의 효과를 내다니, 이건 속된 말로 도둑놈 심보가 아닌가? 공 들인 만큼 거둔다는 생각을 해야 인간적인 게 아닌가?

홍만선의 『산림경제』 서문에는 "경(經)이란 서무를 처리하는 것이고 제(濟)란 중생을 제도하는 것"이란 말이 나온다. 우리 식 경제 정의인 셈이다. 사람들의 삶을 좋게 가꾸는 자잘한 방법들이 경제란 뜻이다. 오늘의 지배적 담론과 화두인 통일과 경제는 인간다운 삶을 위한 목표를 향하여 추구되어야 할 것이며, 나의 이런 일견 격한 제안이 소위 경제적으로는 아기들의 젖냄새 나는 구상유취(口尙乳臭)한 발상으로 넘겨 짚일지 모르겠으나 오히려 장기적으로는 영원히 국토와 민족을 희생 없이 보존할 수 있는 길이라 믿는다.

환경오염의 심각성과
해결책이 없다는 더 큰 심각성

2002년 2월 초 뉴욕에서 열린 세계경제포럼이 발표한 환경 지속성 지수에서 우리나라는 142개 대상국 중 136위였다.
— 신문 기사

우리나라의 환경 조건이 끔찍한 수준이란 것은 충분히 짐작했던 일이지만 이 정도일 줄은 미처 몰랐다. 우리나라가 당면한 여러 열악한 조건을 차치하고라도 이 수치만 가지고도 사람들이 왜 이민을 떠나고, 앞으로 떠나려 하는지를 짐작케 한다. 과연 해결책은 있는가? 없다. 실현 불가능한 이상적 해결책은 물론 있다. 모두가 이타적(利他的)이 되는 것이다. 모두가 수도사나 산중의 선승(禪僧)이 되는 길인데, 그럴 수는 없지 않는가. 그런 방향으로 조정해 가기도 쉬운 일이 아니다. 강제할 수도 없고 교화(敎化)한다고 해서 될 일도 아니다. 누구를 탓할 것이 아니라 나부터 그리 되도록 노력해 보자.

환경운동의 위선적 요소

환경 위기론자들과 주요 환경 단체들과 언론이 제반 환경 문제들에 대해서 지나치게 과장되고 편향되었으며 비관적인 태도를 일반 대중에게 무책임하게 전달한 혐의가 있다.
— 비외른 롬보르

1980년대 중반 무렵부터 환경 위기론과 그에 따른 미래 종말론은 연구비를 필요로 하는 일단의 과학자들, 대중 선동을 위한 '위기의식'의 구호가 절실했던 환경 운동가들, 그리고 끝없이 새로운 뉴스거리를 추구해야만 하는 언론, 이렇게 삼자(三者)가 만들어낸 합작품에 지나지 않는다.
— 로널드 베일리

현대인들은 대부분 환경 문제에 대하여 상당한 두려움을 갖고 있다. 그 이유는 충분히 공감할 수 있다. 환경 위기는 당연히 심각한 상태이기도 하다. 하지만 그렇게까지 심각할까? 지나치게 과장된 부분은 없을까? 인류 역사를 돌이켜 보면 언제나 위기론과 종말론은 있어 왔다는 것을 알 수 있다. 하지만 우리는 그것을 극복해 온 것 또한 사실이다. 그렇다면 지금의 환경 위기도 해결할 수 있을지 모른다. 우리 나라의 경우 환경운동은 지나치게 문제 해결식이었다. "동강에, 새만금 간척에, 백두대간 훼손에, 북한산 터널이나 금정산 터널에, 다목적댐 건설에."

집중적으로 운동 역량을 결집하다가 그 문제가 시들하면 더 이상 관심을 보이지 않고 떠난다. 이 점은 언론도 예외가 아니다. 그런 운동이 결과적으로 상당한 부작용을 일으킨 경우, 운동가들이나 언론은 추가적인 조사나 검토를 하지 않았다. 또한 그로 인해 발생할 불이익에 대해서도 애써 외면하는 경향이 있었다.

정부는 '개발과 보전의 조화'라는 서로 화해할 수 없는 두 논점을 강조하기만 할 뿐 구체적인 대안을 내놓지는 못했다. 엄밀히 말하자면 이 둘은 조화를 이룰 성질의 것이 아니므로 대안이 있을 수 없다. 선택의 문제일 뿐이다. 동강, 백두대간, 북한산, 금정산, 지리산, 이런 곳들은 유명하기도 하고 운동가들에게는 상징성이 큰 곳이기도 하다. 그렇지 않은 곳은 관심을 끌지 못한다. 터널이 생태계를 파괴할 우려가 있다고 반대할 때 대두된 대안은 대체 노선이었다. 그러나 대체되는 땅들은 파괴되어도 괜찮다는 논리가 암암리에 깔려 있음을 사람들은 간과하고 있다. 풍수에서 땅은 사람에 비견된다. 유명한 곳은 아름다운 사람과 마찬가지로 인기가 있다. 하지만 평범한 사람에 불과한 대체 노선들—그 대부분은 야산이나 들판인데—은 희생되어도 좋다는 말인가? 만약 사람에게 이런 논리가 적용된다면 용납할 수 없는 인간 차별이 될 것이다. 유독 땅에만 그런 차별이 용인되어도 괜찮은 이유는 무엇인가? 이런 점들이 환경 위기론에 대한 풍수론자들의 걱정이다.

풍수적 입장에서 보자면 모든 개발과 보전의 극단적 대립 양상은 비인간적이다. 한쪽이 이기면 다른 한쪽은 일방적으로 희생되어야 한다. 농사를 생각해 보자. 이 또한 자연을 훼손하는 일이지만 이를 문제 삼는 사람은 없다. 이런 식의 화해는 가능하다. 농사는 짓지만 그것이 환경 파괴라고 여겨지지는 않는 상황 말이다. 자동차를 포기하지 못하는 한, 물 부족을 해결하고자 하는 한, 터널이나 댐은 필요하다. 만들되 땅에 대한 공경심을 잃지 않는다면 사실 크게 문제될 일도 아니다. 엄격히 말하자면 선택의 문제가 되겠지만 말이다.

이런 주장에 대해서는 격렬한 비판이 있을 수 있다. 한 예로 남상민 등은 「회의적 환경주의자에 대한 전면 비판」(『환경과 생명』)에서 "자신이 비판하는 '선입견'과 '숨겨진 의도'를 가지고 실제 상황을 왜곡시키고자 하는 롬보르(위의 인용에서는 롬보르그로 되어 있으나 이 글의 필자들은 롬보르로 표기하고 있다. 나는 덴마크어를 모르기 때문에 부득이 그대로 전재한다)의 의도는 과학적 부정직성을 드러내고 있다"고 주장한다.

보다 근본적인 반론은 노르웨이의 철학자 아르네 네이스(Arne Naess)가 주창한 「깊이의 생태학」에 나타난다. 기술적 대처 방안이 아니라 근본적인 태도의 전환을 통하여 삶의 방식 전부를 자연 착취적인 것으로부터 자연 친화적인 것으로 바꾸어야 한다는 것(김우창)인데, 위 두 가지 반론 모두 내게 별로 현실적으로 들리지는 않는다. 이제 그 문제를 심각하게 생각해 볼 때가 되었다.

환경 지상주의의 허구성

오늘날 우리 사회에 심각한 고통을 안겨 주고 있는 총체적 신경쇠약이라는 불치의 인간 상황 때문에 대중의 감수성은 내면으로 침잠하는— 이른바 염세적인—정신주의를 지향하게 되었으며, 사회적 개인의 삶으로부터 신비적, 유사 신비적인 신념 체계 안으로 숨어들게 되었다. 그들은 인간 종을 생태계에서 독특한 존재로 만들어 주는 뛰어난 특성들을 하나같이 불신하고 있다는 점에서 공통적이다. 명시적이건 암시적이건 이들은 인간의 자기 진보 능력, 기술적 재능, 진보의 잠재성, 그리고 무엇보다도 이성(理性)의 권능 자체를 비웃는다. 이런 경멸적 태도 전반을 나는 반인간주의(antihumanism)라 부르고자 한다.

— 머레이 북친

"온갖 현란한 생태학적 상상력을 동원하여 지구 생태계는 필연적으로 파멸할 것이라고 위협하고, 이런저런 징후와 검증 불가능한 통계 자료를 들이대며 환경 위기를 과장하는 이른바 '환경 지상주의'가 지배하는 분위기가 현대"라고 옮긴이 구승회는 지적한다. 그에 의하면 머레이 북친은 고졸

노동자 출신으로 먹물 든 이론가들에 대한 체질적인 거부감을 가지고 있다고 한다. 예컨대 프리초프 카프라보다 동양사상을 모르면서도 카프라가 찬양하는 동양사상보다 훌륭하게 동양 이해를 비판한다고도 했다. 이것이 그의 한계일 수 있다.

내가 빠져 있는 환경 문제 전반과 풍수에 대한 근래의 무력감을 되새겨 보기에 아주 알맞은 책이다. "인간을 신비화된 가이아에 기생하는 지적인 벼룩으로 보는 경향"을 비웃는 그의 태도는 풍수 전공자를 몹시 당혹케 한다. 하지만 미국인들이 오해한 동양사상일 수도 있다. 최소한 풍수에서는 인간을 벼룩에게 비견하지는 않는다. 정반대로 인간을 가장 존귀한 존재(唯人最貴)로 보는 것이 동아시아인들의 일반적인 견해였다. 그런 인간이 세상을 쓰레기통으로 만든 주범이란 생각이 광범위하게 퍼져 있는 것은 사실이다.

북친이 풍수에 대해 알게 되었다면 틀림없이 생태 신비주의로 분류했을 것이다. 그의 표현대로 한다면 풍수가들의 직관적 관점은 영성에 대한 신념을 노골적으로 표방하기 때문에 합리적으로 탐구하기 힘들지만, 한편으로 반기술, 반문명적 성격이 강한 이들의 견해는 이른바 원시 자연에 대한 인간의 개입을 전면적으로 반대하고 나아가 인간성 자체를 부정한다고 했을 것이다. 부분적으론 옳지만 결론은 지나치게 과장되었다. 일부 풍수학자들이 영성, 반문명, 반기술적 취향을 가진 것은 분명하지만 그것이 풍수의 일반론은 아니기 때문이다.

하지만 옮긴이가 해제에서 밝힌 다음의 구절은 풍수로 대체시켜도 변명이 잘 떠오르지 않을 정도다.

"현대 환경주의는 환경적으로 쾌적하고 풍요로운 삶을 누리는 뉴저지의 아주 고상한 한 단체에서 시작된 전형적인 미국 이데올로기이다."

풍수에서의 명당이 거기에 마음의 평정을 주는 곳이란 말을 보태면 그대로 통용될 수 있다는 점에서 그의 해제인 이 부분은 가슴을 친다. 풍수는 과연 고상하고 신비적이며 비현실적인 옛 사람의 사고방식일 뿐일까? 이에 대한 대답은 내게 또 하나의 숙제가 되었다.

소개된 책의 목록

강병남「6명만 거치면 세계가 통한다」,『넥스트』, 2004. 1월호.
김곰치「생명의 대안은 없다」,『녹색평론』 2002. 3-4월호.
김두규『우리 풍수 이야기』, 북하우스 2003.
김수경「피가 인생이다」,『이코노믹』 리뷰, 2004.4.20(206호).
김열규『메멘토 모리, 죽음을 기억하라』, 궁리 2001.
김우창「깊은 마음의 생태학」,『21세기의 환경과 도시』, 민음사 2000.
김지하『생명과 자치』, 솔 1996.
남상민「회의적 환경주의자에 대한 전면 비판」,『환경과 생명』 2003 겨울호.
노발리스『푸른꽃』, 김재혁 옮김, 민음사 1999.
노자(老子)『상편(上篇)』.
다이앤 애커먼『나는 작은 우주를 가꾼다』, 손희승 옮김, 황금가지 2003.
대니얼 부어스틴『창조자들 I』, 이민아 등 옮김, 민음사 2002.
레스터 서로우『지식의 지배』, 한기찬 옮김, 생각의나무 1999.
레이 황『허드슨 강변에서 중국사를 이야기하다』, 권중달 옮김, 푸른역사 2001.
류시화「새는 날아가면서 뒤돌아보지 않는다」
머레이 북친『휴머니즘의 옹호』, 구승회 옮김, 민음사 2002.
미겔 데 세르반테스『돈키호테』, 박철 옮김, 시공사 2004.
맹자(孟子)「진심장구(盡心章句)」 하.
버트란드 러셀『게으름에 대한 찬양』, 송은경 옮김, 사회평론 1997.

배종호 「풍수지리(風水地理) 약설(略說)」, 『인문과학』 제22집,
  연세대 인문과학연구소.
배종호 『한국 유학의 과제와 전개 I』, 범학사 1979.
베어 하트 『인생과 자연을 바라보는 인디언의 지혜』, 형선호 옮김,
  황금가지 1999.
부뢰 『상하이에서 부치는 편지』, 유영하 옮김, 민음사 2002.
비외른 롬보르 『회의적 환경주의자』, 홍욱희 외 옮김, 에코리브르
  2003.
스튜어트 카우프만 『혼돈의 가장자리』, 국형태 옮김, 사이언스북스
  1995.
스티그 다게르만 「위로받고 싶은 인간의 욕망은 채울 길 없어라」
아르네 네이스 「깊이의 생태학」
아일랜드 민요, *Walton's 1985*.
안토니 애버릿 『로마의 전설 키케로』, 김복미 옮김, 서해문집 2003.
알베르 자카르 『과학의 즐거움』, 장석훈 옮김, 궁리 2002.
오강남 『예수는 없다』, 현암사 2001.
에인 랜드 『아틀라스』 1·2·3, 정명진 등 옮김, 민음사 2003.
앤드류 솔로몬 『한낮의 우울』, 민승남 옮김, 민음사 2004.
이어령 『흙 속에 저 바람 속에』, 문학사상사 2002.
이은희 『생물학 카페』, 궁리 2002.
이진우 『한국 인문학의 서양 콤플렉스』, 민음사 1999.
이-푸 투안 『공간과 장소』, 구동회 외 옮김, 대윤 1999.
일연 『삼국유사』, 김원중 옮김, 을유문화사 2002.

정진홍『죽음과의 만남』, 궁리 2003.
정진홍『미르치아 엘리아데』, 살림 2003.
조르주 샤르파크 외『신비의 사기꾼들』, 임호경 옮김, 궁리 2002.
조셉 캠벨『천의 얼굴을 가진 영웅』, 이윤기 옮김, 민음사 2004.
조현미『알렉산드로스』, 살림 2004.
존 업다이크『내 얼굴을 찾으라』, 양선아 옮김, 영림카디널 2004.
캐롤라인 냅『술:전쟁 같은 사랑의 기록』, 고정아 옮김, 알펍 2003.
토머스 메드윈『바이런』, 김명복 옮김, 태학사 2004.
크리스토퍼 데이비스「안전한 보금자리」,『가이드 포스트』2004.
    2월호.
토리 헤이든『한 아이』, 주정일 외 옮김, 샘터 1987.
토머스 루이스 외『사랑을 위한 과학』, 김한영 옮김,
    사이언스북스 2001.
토머스 불핀치『그리스 로마 신화』, 최혁순 옮김, 범우사 1980.
티모시 프리크 · 피터 갠디『예수는 신화다』, 송영조 옮김,
    동아일보사 2002.
퍼시벌 로웰『조선 사람들』, 조경철 역, 예담 2001.
플라톤『소크라테스의 변명』, 황문수 옮김, 문예출판사 1999.
한영(韓嬰)『한청외전(韓請外傳)』.
헤르만 헤세『환상동화집』, 정서웅 외 옮김, 민음사 2002.
홍사중『조선일보』2002년 4월 16일자, 홍사중 칼럼.
홍옥희「미래 환경 위기론에 던진 도전장」, 월간『넥스트』, 2004.
    1월호.

Allan Ritter, *Anachism*, London, Cambridge University Press, 1980.

Robert Becker & Gary Selden, *The Body Electric*, Perennial Currents 1985.

Thomas Gray, *The Complete Poems of Thomas Gray*, Ed. H. W. Starr and J. R. Hendrickson, Oxford Clarendon Press 1966.

최창조의 책 일기

닭이 봉황 되다

초판1쇄 : 2005년 5월 16일
지은이 : 최창조

펴낸이 : 박경애
펴낸곳 : 모멘토
등록일자 : 2002년 5월 23일
등록번호 : 제1-3053호
주 소 : 서울시 마포구 공덕동 242-85 2층
전 화 : 711-7024, 711-7043
팩 스 : 711-7036
ISBN 89-91136-06-0 03040

잘못된 책은 구입하신 곳에서 바꿔드립니다.